MEIN
# DÄNISCHES
LEBENSGEFÜHL

INKEN HENZE

Lifestyle
BUSSE
SEEWALD

# MEIN DÄNISCHES LEBENSGEFÜHL

HYGGELIGE
INSPIRATIONEN
RUND UMS JAHR

AMALIE loves DENMARK

## Frühling Hygge



## Sommer Hygge

## Herbst Hygge



## Winter Hygge

Seit meiner Kindheit verbringe ich die Urlaubszeit meist in Dänemark. Daraus ist über die Jahre eine große Liebe zu Land und Leuten entstanden. Und über diese Liebe berichte ich seit 2011 auf meinem Blog mit dem bezeichnenden Namen *Amalie loves Denmark*. Damals habe ich mich bewusst dafür entschieden, auf dem Blog nur über die schönen Dinge des Lebens zu berichten, und somit gleichzeitig eher unbewusst auch über die *Hygge*. Ich habe sie über die Jahre durch meine Aufenthalte in Dänemark und meine Arbeit mit den Dänen ganz automatisch kennengelernt. Diesen Begriff gibt es so im Deutschen nicht und er lässt sich auch nicht akkurat übersetzen. Denn *Hygge* ist für mich ein Gefühl, eine bestimmte Atmosphäre, ein Lifestyle und kann nicht klar definiert werden. Ob eine Situation *hyggelig* ist oder eben nicht, das kann nur jeder für sich selbst entscheiden.

# WILLKOMMEN BEI MEINER HYGGE

Das Wort *Hygge* stammt ursprünglich aus dem Norwegischen und meint so viel wie Wohlbefinden (verbreiten). Eine Stimmung, die wir vielleicht als gemütliche, wohlige Atmosphäre bezeichnen würden. Für mich bedeutet es vor allem, sich etwas Gutes zu tun und Augenblicke zu genießen und bewusst herbeizuführen, in denen man sich einfach wohlfühlt. Und es bedeutet auch, sich mit Menschen zu umgeben, die man liebt und deren Gesellschaft einfach guttut. Das finde ich *hyggelig*. Doch was sich für den einen gut anfühlt, kann für den anderen unangenehm sein. Daher gilt auch immer die Regel: *Hygge* lässt sich nicht pauschalisieren.

Nun möchte ich dich einladen, mir auf meiner *Hygge*-Spur zu folgen. Ich möchte dich in eine Welt entführen, die für mich einen Gegenpol zur Hektik und Schnelllebigkeit des Alltags darstellt. Wir leben in einer Welt der Kontraste: Es gibt Tag und Nacht, hell und dunkel, heiß und kalt, Alltag und Freizeit, Werktage und Wochenenden. Und obwohl wir immer mehr Annehmlichkeiten in unserem Leben genießen und es uns generell viel besser geht als allen Generationen vor uns, so gibt es immer mehr stressige Situationen und immer weniger entspannende Momente. Der Sonntag ist kein richtiger Ruhetag mehr – und im Urlaub bereisen wir die halbe Welt und packen ihn voll mit viel Action und neuen Erfahrungen, damit wir zu Hause davon berichten oder in den sozialen Medien Bilder posten können. Da ist es kein Wunder, wenn wir nicht mehr hinterherkommen.

Die dänische *Hygge*-Kultur wirkt dem wunderbar entgegen. Den Dänen ist es wichtig, *hyggelige* Momente zu haben, Zeit mit der Familie und mit Freunden zu verbringen und das Leben zu genießen, es wertzuschätzen und dankbar dafür zu sein. Auch wir können dafür sorgen, neben stressigen Situationen als

Ausgleich *hyggelige* Augenblicke zu erleben, um aus ihnen Kraft zu schöpfen und unsere Batterien wieder aufzuladen. Oder aber wir gestalten den Alltag von vornherein etwas weniger stressig. Die Dänen tun das mehr oder weniger automatisch, denn es gehört zu ihrer Kultur. Sie sind so groß geworden und die Bewertung einer Situation als *hyggelig* oder *uhyggelig* (also nicht *hyggelig)* ist für sie ganz selbstverständlich. Unbewusst (oder auch bewusst) gestalten sie ihr Leben nach dem Maßstab der *Hygge*. Sicher gibt es auch bei uns ganz viele Situationen, die Dänen als *hyggelig* bezeichnen würden, doch uns ist dies einfach nicht bewusst, da wir diesen Begriff bisher nicht kannten. Für unser Wohlbefinden ist es eine gute Idee, diesem dänischen Glückskonzept mehr Aufmerksamkeit zu widmen.

Die *Hygge* beziehungsweise das Prinzip hinter der *Hygge* kann man lernen, ebenso wie man Autofahren lernen kann. Daher starte ich zuerst mit den Theoriestunden, in diesem Fall mit Anregungen, was *Hygge* alles sein kann und wie man sie erleben kann. Und wie beim Autofahren ist es auch mit der *Hygge*-Prüfung so, dass man nicht mit dem Bestehen automatisch auch perfekt fahren kann. Ein Freund meinte einmal zu mir, es würde so um die sieben Jahre dauern, bis mein Sohn wirklich behaupten kann, gut Auto fahren zu können. (Er macht es gut, also vielleicht geht es doch auch etwas schneller?) In jedem Fall braucht die praktische Übung Zeit, bis man es quasi im Schlaf beherrscht, ohne dass man noch groß darüber nachdenken muss.

Mir war lange nicht bewusst, dass ich durch die Urlaube in Dänemark und das Arbeiten für dänische Firmen automatisch auch meinen *Hygge*-Führerschein gemacht hatte: Jahrelang sind wir an die dänische Nordseeküste in den Urlaub gefahren. Immer wieder in das gleiche Ferienhaus. Es war einfach, aber gemütlich und die Eigentümer, die Familie Nedergaard, wohnten ein paar Häuser weiter. Immer wenn wir uns sahen, wechselten meine Eltern ein paar Worte mit ihnen. Sie luden uns zu sich nach Hause ein und passten sogar auf uns Kinder auf, als unsere Eltern wegen meiner Schwester, der es nicht gut ging, spontan nach Hause fahren mussten. Herr und Frau Nedergaard sind beide sehr herzlich und verbreiteten eine angenehme Stimmung – wir haben uns sehr wohl gefühlt. Heute weiß ich: Das war *Hygge*. Nach dem Abitur hatte ich das Glück, bei einer dänischen Ferienhausvermittlung zu arbeiten. Dabei habe ich ein dänisches Mädchen kennengelernt, das heute erwachsen und nun seit vielen Jahren meine Freundin und Patentante unserer Tochter ist. Sie ist so aufmerksam, so interessiert, so gastfreundlich und so liebevoll. Es ist einfach wunderschön, Zeit mit ihr zu verbringen. Heute weiß ich: Auch das ist *Hygge*. Als ich vor einigen Jahren eine Einladung der Veranstalter der dänischen Design- und Interiormesse Formland erhielt, war ich besonders aufgeregt, denn ich war sehr an einer Zusammenarbeit interessiert. Als ich ankam und am liebsten sofort erfahren hätte, ob ich nun für sie arbeiten dürfte oder nicht, gab es stattdessen erst mal ein üppiges Frühstück mit ganz viel Kaffee. Wir aßen ausgiebig und plauderten nett dabei. Im Anschluss haben wir dann doch noch über eine mögliche Zusammenarbeit gesprochen. Und heute ist mir natürlich auch klar: Das war ebenfalls *Hygge*.

Ganz automatisch habe ich mir so über die Jahre angewöhnt zu sagen: „Das war *hyggelig*." Ich habe meine Freundin aus Dänemark in Deutschland genauso herzlich und entspannt empfangen, wie sie mich empfangen hat, und ich habe dem Formland-Team später in Hamburg erst einmal ein üppiges Frühstück serviert. Es ist doch einfach viel schöner oder eben *hyggeliger*, wenn man sich die Zeit nimmt, um gemeinsam zu essen und sich zu unterhalten. Übrigens: Die Zusammenarbeit hat geklappt und es ist so ziemlich die *hyggeligste* Arbeit, die ich je hatte. Daher nenne ich es auch lieber „Arbeits-Urlaub", wenn ich jetzt zweimal im Jahr dort arbeite. Die Atmosphäre ist großartig, ich entdecke die neuesten Produkte und freue mich auf ein Wiedersehen mit „meinen Dänen". Ein paar von diesen Dänen kannst auch du in diesem Buch noch näher kennenlernen. Ich habe sie gebeten, mir ein paar Fragen zu beantworten, sodass du nicht nur Einblicke in meine *Hygge* erhältst, sondern auch in deren *Hygge*.

Ich freue mich auch immer sehr darüber, wenn mir meine Gäste sagen, dass es gemütlich bei uns ist. (Ich bin mir sicher, sie würden den Begriff *hyggelig* verwenden, wenn sie ihn kennen würden.) Ich persönlich finde es jedenfalls sehr *hyggelig* bei uns und sorge auch dafür, dass es so bleibt. So habe ich zum Beispiel während des Schreibens an diesem Buch immer ganz bewusst eine Kerze angezündet und mir den schönsten Kaffeebecher herausgesucht, damit ich es beim Schreiben auch schön *hyggelig* habe. Vielleicht hast auch du es dir beim Lesen des Buches *hyggelig* gemacht? Denk einmal darüber nach, was für dich unbedingt zur *Hygge* dazugehört. Bist du etwa ein *Hyggemenneske*, ein *Hygge*-Mensch? Oder gar ein *Hyggespreder*, also jemand, der *Hygge* verbreitet, und wusstest es nur noch nicht?

Für mich ist meine Mutter so jemand. Wenn es darum geht, etwas zu kochen oder zu backen, ist sie stets zur Stelle – und, wer hätte es gedacht, leckeres Essen gehört natürlich zu einer *hyggeligen* Stimmung dazu. Meine Mutter backt den leckersten Käsekuchen und die beste Nusstorte, die man sich vorstellen kann. Sie verwöhnt uns auch mit köstlichen Frikadellen oder Rouladen, im Fall der Fälle auch als Reiseproviant. Es kommt nicht darauf an, die besten Rezepte nachzukochen oder die exotischsten Zutaten zu verwenden. Nein, *Hygge* ist Kartoffelsalat – also für mich. Und zwar der von meiner Mutter. Das letzte Mal haben wir ihn zusammen am Strand der Insel Samsø genossen. Es war windstill und wir saßen direkt am Meer, ganz romantisch bei Sonnenuntergang. Das war nicht nur einmalig, sondern auch besonders *hyggelig*.

*Hygge* ist aber natürlich viel mehr als nur Essen. Sie hat auch viel mit der Umgebung zu tun, in der wir leben. Mit kaltem, ungemütlichem Licht und Plastiktischdecken in grässlichen Farben kann man es sich nicht *hyggelig* machen. *Hyggelig* ist es, wenn man sich stattdessen mit warmem Licht und natürlichen Materialien und Farben umgibt. Unser Zuhause ist zum Beispiel so ein *Hyggehjem*, ein *Hygge*-Zuhause. Hier umgeben wir uns mit Gegenständen, die vor allem dazu da sind, dass wir uns wohlfühlen. Das ist dann auch – trotz Kindern – ein weißes Sofa, dessen Bezüge ab und an gewaschen werden müssen. Es ist aber so *hyggelig* und mein Lieblingssitzplatz im ganzen Haus, den ich mit vielen schönen Erinnerungen verbinde. Dazu kommt viel *Hyggepynt, Hygge*-Deko, die wir über die Jahre aus Dänemark mitgebracht haben, und *Hyggebelysning, Hygge*-Licht, das ganz warm ist und aus vielen verschiedenen Lichtquellen die Ecken unseres Hauses erhellt. So erschaffen wir uns unsere eigene *Hyggestemning*, eine *hyggelige* Stimmung. *Hygge* ist also nicht etwas, das einfach da ist, sondern jemand hat bewusst oder unbewusst dafür gesorgt, dass ein Ort oder eine Situation *hyggelig* wird. Man fühlt sich einfach geborgen. Ob nun das Zuhause gemütlich und behaglich eingerichtet ist oder unser Arbeitsplatz uns Freude macht, ist egal – Hauptsache, es ist angenehm und nett, jeden Tag dort zu sein. Oder unsere Familien und unsere Freunde bringen uns immer wieder zum Lachen; wir fühlen uns von ihnen verstanden und auf-

gehoben und sie sind da, um uns zu trösten oder uns etwas Gutes zu tun, wenn es mal nicht so rund läuft. Auch dieses Aufgehobensein ist nicht von vornherein einfach da. Wir haben dafür gesorgt und bemühen uns weiterhin, damit es so bleibt. *Hygge* ist nicht selbstverständlich.

Ob *Hygge* glücklich macht? Ich finde, wir treffen immer selbst die Entscheidung, ob wir glücklich sein wollen oder nicht. Selbst wenn das Leben viele sprichwörtliche Zitronen liefert, gibt es immer ganz banale Dinge, die uns glücklich machen können. Wir sind gesund, wir haben etwas zu essen, wir haben ein Dach über dem Kopf, Strom, Wasser und eine Heizung. Vielen von uns geht es gut. Unsere Grundbedürfnisse sind gestillt und das ist schon einmal ein riesengroßes Glück.

Doch was macht die *Hygge*-Mentalität mit uns? Für mich gibt es in uns allen ein Navigationssystem, das uns unseren (Lebens-)Weg aufzeigt. Es weist uns über unsere Emotionen, Gefühle und Stimmungen darauf hin, ob uns eine Situation oder ein Mensch schadet oder guttut. Sobald wir dies nicht (mehr) spüren können, ist es Zeit, es wieder zu erlernen, damit wir unser ganz eigenes Leben weiterleben können. Und dazu gehört unter anderem auch die *Hygge*. Zu *hyggen* hilft uns, ein Stückchen mehr zu uns zu finden. Denn wir brauchen neben den Zeiten, in denen wir aktiv sind, auch solche, in denen wir entspannen können. Nur so können wir uns besinnen und spüren wieder, wie es uns wirklich geht und was wir brauchen. Ich finde, es ist für jeden von uns sehr wichtig, sich diese Zeit zu nehmen, um mit sich selbst zu *hyggen*. Genauso wichtig ist es, sich mit anderen Menschen zu treffen und auch dafür zu sorgen, dass wir ein schönes Zuhause oder einen guten Arbeitsplatz haben, der uns guttut und uns entspricht. Das macht uns zufrieden – wir fühlen uns geborgen und es lässt uns spüren, dass wir auf dem richtigen, nämlich unserem individuellen Weg sind.

Und dann – da haben die Dänen auch einen wundervollen Begriff – sind wir ein *Livsnyder*, was für mich bedeutet, dass wir Menschen sind, die das Leben genießen, trotz der Herausforderungen und Unwägbarkeiten, die es uns bietet. Vielleicht hinterfragst du beim Lesen gerade dein Leben oder wirst dir bewusst, dass das, was du liest, und das, was du dir dabei vorstellst und spürst, als *hyggelig* empfindest. Du kannst dir auch Stift und Papier bereitlegen, sodass du dir Notizen machen kannst, wenn du merkst: Da gibt es *Hygge* bei mir oder das wäre etwas für mich.

Ich wünsche dir noch viele *hyggelige* Momente in deinem Leben und freue mich, dir Anregungen geben zu können, damit auch du dänisch inspirierter leben kannst.

Willkommen bei meiner *Hygge*!

Amalie

# Frühling Hygge

*Die kalte Jahreszeit ist vorbei! Nach vielen dunklen Tagen erwacht die Natur zu neuem Leben. Wenn wir aus dem Fenster blicken, dann können wir erleben, wie alles bunter wird. Neue Energie durchströmt jede Zelle. Es wird Zeit, das ganze Haus mit Narzissen, Tulpen und Hyazinthen zu schmücken. Wir machen es uns hyggelig.*

*Wie sieht das genau aus? Zu Beginn des Frühlings starte ich mit der Arbeit im Garten und ich verstaue die dicke Kleidung im Schrank. Auf den Märkten gibt es frisches Obst und Gemüse für eine lecker-leichte Küche und an Ostern machen wir es uns mit der Familie gemütlich. Auch in Dänemark ist Ostern ein großes Familienfest. Doch es zieht uns wie die Dänen auch in die Welt hinaus, um neue Sinneseindrücke zu sammeln oder eine neue Stadt zu erkunden. Die Tage werden nun immer länger und sonniger und laden zum Genießen ein.*

*So erleben wir viele erste Male: das erste Eis, die erste Fahrradtour, das erste Picknick und das erste Mal grillen. Ich liebe diese hyggelige Jahreszeit mit ihren wunderbaren Eindrücken und der riesigen Freude auf einen Neubeginn.*

# TIPPS FÜR HYGGELIGE MOMENTE

* eine Handvoll frische Tulpen in deiner Lieblingsfarbe kaufen
* einen Spaziergang durch den Morgennebel machen
* blühende Zweige für zu Hause pflücken
* beobachten, wie sich die Frühlingsblüten langsam öffnen
* Augenblicke der Stille genießen und die eigenen Wünsche spüren
* gemeinsam für Ostern basteln und dekorieren
* sich darüber freuen, dass der Frühling beginnt
* die Gartenmöbel ins Freie stellen

* die ersten Floh- oder Pflanzenmärkte im Freien besuchen
* Sommerblumen säen und Kräuter vorziehen
* die wärmende Frühlingssonne genießen
* einen großen Magnolienzweig in eine schöne Bodenvase stellen
* Freunde und Familie zum Osterbrunch einladen
* für ein Wochenende mit der besten Freundin verreisen

* im Freien picknicken
* ein Kräuterbeet anlegen und die Fortschritte bestaunen
* einen Spaziergang machen, wenn alles blüht
* täglich das Wachstum des frischen Blattgrüns beobachten
* dem Gezwitscher der Vögel lauschen
* aus frischem Rhabarber Sirup, Grütze oder Kuchen zaubern

Nachdem du jetzt schon ein paar Mal den Begriff *Hygge* gelesen hast, bist du wahrscheinlich bereits Experte auf dem Gebiet und kannst dir etwas unter der *Hygge* am Morgen vorstellen, oder? Was bedeutet sie für dich? Startest du am liebsten schnell oder langsam in den Tag? Genießt du jede Minute, die du noch im Bett liegen bleiben kannst? Vielleicht gehst du gerade in dich, um genauer herauszufinden, was Morgen-*Hygge* für dich persönlich ist. Denke darüber nach, was du tun könntest, um *hyggelig(er)* in den Tag zu starten. Mache es vielleicht wie viele Dänen und zünde nach dem Aufstehen ein paar Kerzen an, während du das Teewasser aufsetzt oder Kaffee kochst. Mit dem Anzünden der Kerzen hast du schon ein neues Ritual geschaffen.

# MORGEN-HYGGE

Stehe ein paar Minuten eher auf, schlüpfe in die kuscheligen Socken und den Hausmantel, um mit mehr Zeit und Ruhe ganz bewusst in den Tag zu starten. Gehe in dich, um dir bewusst zu werden, was alles gut ist in deinem Leben, wofür du dankbar bist und welche Pläne oder Wünsche du für den Tag hast. Vielleicht bist du aber auch jemand, dessen morgendliche *Hygge* darin besteht, Gymnastik, Yoga oder anderen Sport zu machen? Das ist wunderbar und ich beneide dich darum, dass du das am Morgen schon schaffst! Für mich wäre das eher weniger *hyggelig*. Ich liebe die ruhige Zeit am Morgen. Ich genieße es, wach zu sein, wenn noch alles schläft und ich mit mir und meinen Gefühlen und Gedanken allein bin. Nur die Vögel sind aktiv und zwitschern mal mehr mal weniger laut vor sich hin. Und manchmal scheinen die ersten Sonnenstrahlen des Tages direkt in mein Gesicht, während ich meine Nase in die frische Morgenluft halte und ein paar tiefe Atemzüge nehme. Es tut gut, langsam in den Tag zu starten und zu wissen, dass ich auch noch Zeit für eine weitere Tasse Kaffee (und ein paar Gedanken mehr) habe, bevor ich in den Tag starte.

Wenn du jedoch wegen der Arbeit früh raus musst und nicht noch eher aufstehen willst, dann nimm dir vielleicht am Wochenende die Zeit für dich, um *hyggelig* in den Tag zu starten. Schlendere gemütlich durch dein Zuhause und denke darüber nach, ob du hier etwas umräumen oder da etwas neu dekorieren könntest. Oder du genießt mit deinem Partner noch ein paar Extraminuten im Bett. Wenn jeder in seinem eigenen Rhythmus in den Tag startet, hat er seine persönliche Morgen-*Hygge* für sich gefunden.

RUM

Magst du es in deinem Zuhause vielleicht noch etwas dänischer? Prima, dann wird es jetzt gleich noch *hyggeliger* mit der *Hyggehjørne*, einer *hyggeligen* Ecke, die nicht nur in dänischen Wohnungen oder Häusern zu finden ist, sondern auch in Cafés oder Restaurants in ganz Dänemark. Vielleicht kennst du diese kuscheligen Fleckchen auch aus deinen Urlauben in dänischen Ferienhäusern?

Solche Rückzugsorte gibt es auch hierzulande. Hast du in deinem Zuhause einen Ort, an dem du durchatmen kannst, wenn das Leben mal nicht so ist, wie du es gern hättest? Haben deine Kinder in ihrem Zimmer eine Ecke mit

# HYGGEHJØRNE

vielen Kissen zum Kuscheln? Machst du es dir gerne auf dem Sofa gemütlich, eingemummt in deine Lieblingsdecke? Dann ist das deine *Hyggehjørne*: ein Platz, an dem du zur Ruhe kommst, an dem du dich erholen und neue Kraft tanken kannst. Wenn du so eine *Hyggehjørne* noch nicht (bewusst) hast, hast du jetzt vielleicht Lust bekommen, so eine Ecke für dich zu gestalten. Denke einmal darüber nach, wo du Platz dafür hast. Magst du einen gemütlichen Sessel besonders gerne oder liebst du den Platz auf deinem Sofa? Hast du dort Ruhe, wenn du sie brauchst? Fühlst du dich dort geschützt und geborgen? Finde eine *Hyggehjørne* für dich und deine Familie in eurem Zuhause.

Ein Traum für eine solche *Hyggehjørne* ist der Sessel Egg Chair von Arne Jacobsen. Darin sitzt man total geborgen und geschützt. Ich übertreibe vielleicht etwas, aber ich liebe diesen Sessel einfach. Es gibt im Augenblick so viele hübsche Sessel-Modelle aus Dänemark. Und es muss auch kein Designerstück sein, aber träumen ist erlaubt. Und gerade wenn ich in meiner *Hyggehjørne* bin, kommen mir die schönsten Gedanken …

Hast du schon ein gemütliches Licht, das du neben deinen Sessel stellen kannst? Lass dich sonst von den Dänen inspirieren: Im Anhang dieses Buches findest du Adressen, bei denen du schöne Wohnaccessoires findest. Ob Designerstücke im Illums Bolighus in Kopenhagen, Möbel und Accessoires von Norman Copenhagen im Stilwerk, zeitlose Sessel und Sofas von HAY oder andere schöne Dinge bei Broste Copenhagen, Ib Laursen oder Nordal. Es gibt viele schöne *Hygge*-Elemente für jeden Geschmack. Wie gesagt: Träumen, schöne Gedanken und wohlige Gefühle sind immer erlaubt und in der *Hyggehjørne* sind sie ausdrücklich erwünscht!

FRAGEN RUND UM HYGGE

**JESPER HOLST SCHMIDT**
CEO von Kähler Design

*Seit 2004 bin ich entflammter Fan von Kähler Design. Denn seitdem gibt es die schwarz-weiß gestreiften Vasen, Becher und Kerzenhalter der Serie Omaggio mit einer einmalig schlichten und genialen Form. Inzwischen ist die Serie um viele weitere Streifenfarben erweitert worden und Kähler Design bringt mich immer mehr dazu, auch bunte Farben zu mögen. Mit der Keramikserie Hammershøi haben sie ebenfalls genau meinen Geschmack getroffen: zeitloses, schlichtes, skandinavisches Design. Und der Kopf hinter allem ist Jesper Holst Schmidt. Bitte genau so weitermachen, Jesper!*

**WAS IST *HYGGE* – WIE WÜRDEST DU EINEM DEUTSCHEN *HYGGE* ERKLÄREN?** Wenn ich den Begriff *Hygge* erklären soll, würde ich es als eine Stimmung beschreiben, einen Zustand der Entspannung und Ruhe, in dem man sich mit sich selbst oder im Austausch mit Familie und Freunden wohlfühlt. *Hygge* hat eine große Bedeutung für mich, da sie die Freiheit bietet, das zu tun, wozu ich Lust habe. Manchmal in Gesellschaft meiner Kinder, mit der Familie oder mit Freunden und manchmal *hygge* ich mich am besten in meiner eigenen Gesellschaft und genieße die Zeit allein.

**GIBT ES FÜR DICH EINEN UNTERSCHIED ZWISCHEN *HYGGE* DAMALS UND *HYGGE* HEUTE?** Ich erlebe *Hygge* wie einen flüchtigen Begriff; er ändert sich die ganze Zeit und ist abhängig davon, wo man sich gerade im Leben befindet. Der Begriff ändert sich auch über verschiedene Generationen hinweg. Ich erlebe zum Beispiel einen besonders großen Unterschied in der Art und Weise, wie sich meine Kinder, im Gegensatz zu mir damals, mit ihren Freunden *hyggen*. Heute können sie sich zusammen mit ihren Freunden via Skype und anderen sozialen Netzwerken *hyggen*, während wir uns damals immer persönlich getroffen haben.

***HYGGST* DU BEWUSST ODER UNBEWUSST?** Meist *hygge* ich mich unbewusst, ohne von meinen Gedanken oder meinem Willen gesteuert zu sein. Es sind oftmals eher Frauen als Männer, die sich für *hyggelige* Rahmenbedingungen einsetzen.

**WIE WICHTIG SIND TRADITIONEN FÜR DIE *HYGGE*?** Ich glaube nicht, dass Traditionen eine große Bedeutung für die *Hygge* haben, aber umgekehrt gibt es (zu) große Erwartungen an sie bei traditionsreichen, geselligen Zusammenkünften wie Ostern, Weihnachten und so weiter. Das ist dann weniger *hyggelig*.

**WIE WICHTIG IST ES, IM HIER UND JETZT ZU LEBEN?** *Hygge* entsteht selten, wenn man zu beschäftigt ist und kein Auge dafür hat, was um einen herum geschieht. Oft sollte man selbst seine Zeit und seine Aufmerksamkeit investieren, um die besondere *Hygge*-Stimmung zu schaffen. Daher ist es wichtig, präsent zu sein und sich in der Gegenwart besonders bewusst über die Zeit zu sein, die man sich nimmt. Außerdem meine ich, dass *Hygge* nichts ist, auf dessen Suche man sich begeben kann oder von dem man erwarten kann, dass sie einfach so geschieht. In der Zeit, die man investiert, um eine bestimmte Stimmung zu erschaffen, sollte man sich darauf fokussieren, was man in diesem Moment tut. Zurückkommend auf die vorherige

Frage meine ich daher, dass man bewusst die *Hygge*-Stimmung aufsuchen, sie aber gleichzeitig auch unbewusst genießen kann, wenn sie da ist.

**MACHT *HYGGE* WIRKLICH GLÜCKLICHER?** *Hygge* macht ohne Zweifel glücklich – ich kenne keinen Menschen, der nicht Wert auf das glückliche und gemütliche Gefühl und den ruhigen Zustand legt, den man erreicht, wenn man sich *hyggt*.

**GLAUBST DU, DASS DIE DÄNEN GLÜCKLICHER ALS DIE DEUTSCHEN SIND?** Ich glaube nicht, dass die Dänen glücklicher sind als die Deutschen – und in Erweiterung des *Hygge*-Begriffes glaube ich, dass die Deutschen sich genauso viel *hyggen* wie die Dänen, doch sie bezeichnen es anders. Es handelt sich um einen universellen Zustand, auf den alle Wert legen und nach dem alle streben.

**WELCHE *HYGGELIGEN* ERINNERUNGEN VERBINDEST DU MIT DEINER KINDHEIT?** Aus meiner Kindheit kann ich keine einzelne Erinnerung nennen, die *hyggeliger* als eine andere war. Stattdessen erinnere ich mich zurück an das Beisammensein, welches ich mit meiner Familie hatte, oft mit meinen Großeltern, die Zeit und Energie dafür hatten, *Hygge* für uns Kinder zu schaffen. Oft vergessen wir es als Eltern, die Nähe, Zeit und Ruhe auszustrahlen, die es benötigt, um mit der Familie zu *hyggen*. Auf diese Art und Weise können Erinnerungen eine große Bedeutung für die *Hygge* haben, indem sie einen zurück in die gute alte Zeit bringen, was sich dann wiederum heute gut anfühlt. Durch dieses Gefühl, das man mit schönen Erinnerungen verbindet, entstehen oft neue *hyggelige* Situationen, wenn man sie allein oder mit der Familie und Freunden zusammen betrachtet.

**WIE HAST DU FÜR *HYGGE* IN DER ERSTEN EIGENEN WOHNUNG GESORGT?** Ich muss einräumen, dass ich bei meiner ersten Wohnung sehr, sehr wenig dafür getan habe, dass es *hyggelig* war. Ich habe mich erst viel später in meiner professionellen Karriere für Wohnungseinrichtung und Ästhetik interessiert.

**WAS IST DIR HEUTZUTAGE WICHTIG, DAMIT ES IN DEINEM ZUHAUSE *HYGGELIG* IST?** Jetzt dreht es sich in unserem Zuhause vor allem darum, die Voraussetzungen für eine entspannte Atmosphäre zu schaffen, in der man leben und sein möchte. Dazu gehören viele gemütliche Ecken, in denen man sich gern die Zeit nimmt, das Leben zu genießen. Wie viele andere Dänen sind wir angetan von der Ästhetik und der skandinavischen Designtradition, die wir von der Einrichtung her mit einer alltagstauglichen Stimmung verbinden.

**WAS MACHST DU, UM ES IM ALLTAG *HYGGELIG* ZU HABEN?** Nicht genug … Ich bin besser darin geworden, am Wochenende den Fokus darauf zu legen, indem ich zum Beispiel einen Brunch für die Familie mache und mir viel Zeit für gemeinsame Gespräche oder Zeitschriften und Magazine nehme. Vorsätze, die sich in ihrer Einfachheit auch im Alltag leicht umsetzen lassen.

**WENN DU VERREIST, WAS NIMMST DU MIT, DAMIT ES DORT *HYGGELIG* IST?** Da ich auf meinen Geschäftsreisen meist allein unterwegs bin, habe ich immer ein gutes Buch und ein paar Laufschuhe dabei. Für mich ist es sehr *hyggelig*, wenn ich entspanne und ein gutes Buch lese, und auch, wenn ich bei meinen Joggingtouren eine andere Stadt erkunde.

**WENN DU ETWAS PRODUZIERST ODER DESIGNST, ACHTEST DU DARAUF, DASS ES *HYGGELIG* IST?** Bei Kähler ist *Hygge* ganz nah verbunden mit unserer Design-Identität. Unsere Produkte sind Bestandteile für Gelegenheiten, in denen man sich *hyggt*, und sie verhelfen zu dem guten Gefühl, das man bekommt, wenn man sich *hyggt*. Wir haben Vasen für Blumen, die Freude spenden, Kerzenständer für Kerzen, die warmes Licht ausstrahlen, und Geschirr für einen schön gedeckten Tisch im Kreise seiner Lieben. Unsere Produkte tragen so dazu bei, einen gemütlichen Rahmen zu bieten, in dem man Lust bekommt, sich Zeit zu nehmen und den Augenblick zu genießen – was wichtig ist, um *Hygge* zu erschaffen.

Wenn man weiß, dass *Søndag* dänisch für Sonntag ist, dann kann man erahnen, dass es jetzt um die *Hygge* am Sonntag geht. Diese startet für viele Dänen mit Ausschlafen, gefolgt von einem leckeren Frühstück, während man Pläne für den freien Tag macht. Man kann etwa faulenzen, lecker essen oder man unternimmt etwas Schönes mit der Familie. Der Sonntag ist aber auch der Tag, an dem man sich mit Freunden verabredet oder an dem man Geburtstage (nach)feiert. Das darf aber nicht in Stress ausarten. Wenn das gelingt, ist es ebenfalls *Søndagshygge*. Zur *Søndagshygge* gehört im Frühjahr auch immer der Ostersonntag. Das Osterfest zu feiern, ist in Dänemark eine sehr wichtige Tradition, und das weniger aus religiöser Überzeugung, sondern vielmehr aus

# SØNDAGSHYGGE

Gründen der Gemütlichkeit. Man trifft sich zum gemeinsamen mehrgängigen Brunch mit der Familie, dem *Påskefrokost*. Eine dänische Freundin, die seit Langem in Deutschland lebt, hat mir von ihrem ersten *Påskefrokost* in Deutschland berichtet: Sie stand dafür recht lange in der Küche, um alles vorzubereiten. Als ihre deutschen Freunde dann kamen, war der erste Gang schnell gegessen und die Freunde teilten mit, dass sie satt seien. Darüber war meine Freundin sehr erstaunt. Denn beim *Frokost* geht es darum, ganz *hyggelig* und mit sehr viel Zeit am Tisch zu sitzen, sich zu unterhalten, zu lachen, vielleicht auch zusammen zu singen, immer wieder etwas zu essen und vor allem zu genießen.

Das traditionelle *Frokost* startet mit verschiedenen eingelegten Heringen, Krabben oder auch Lachs. Dann wird ein warmes Essen serviert, welches zu Ostern oft aus Lamm oder Hähnchen mit Kartoffeln und Gemüse besteht, und zum Abschluss gibt es noch ein Dessert oder eine Käseplatte. Später werden Kaffee und Kuchen gereicht. Das kann dann ein paar Stunden dauern, und genauso soll es auch sein. Den Dänen ist diese Tradition zu Ostern wichtig und es kann gut sein, dass sie sich am Ostermontag wieder mit Freunden zum *Påskefrokost* verabreden. Ich liebe es, das ganze Jahr über sonntags zu brunchen. Idealerweise so, dass man auch am Sonntagabend noch die Reste essen und sich später pappsatt auf die Couch lümmeln kann.

*Hyggelig* ist es für mich aber auch, am Sonntag mit einer Freundin auf einen Gartenmarkt zu gehen, nach neuen Stauden Ausschau zu halten, irgendwo einen Kaffee zu trinken und zwischen den Ständen zu bummeln. Es gibt so viele Aktivitäten, mit denen man den Sonntag *hyggelig* gestalten kann. Dazu gehört unbedingt auch das Nichtstun! Egal wie du den Sonntag verbringst, wenn du sagen kannst: „Das war *hyggelig*", dann war es *Søndagshygge*.

Guten
Appetit

# Osterhasen aus Quark-Öl-Teig

## Påskehare

Dieses Rezept habe ich sogar von Deutschland nach Dänemark importiert. Ursprünglich hatte ich es für meinen Sohn entwickelt, der aufgrund einer speziellen Ernährung möglichst viel Eiweiß zu sich nimmt. Die kleinen Häschen sind so lecker, dass meine Neffen in Kopenhagen sie mit in den Kindergarten genommen haben. Mit anderen Ausstechern lassen sich aber auch prima Geburtstagsküchlein oder Weihnachtsbäume zaubern.

Ergibt 20 Stück

Für den Teig
175 g Magerquark
6 EL neutrales Speiseöl
1 Ei
75 g Rohrohrzucker
1 Prise Salz
300 g Dinkelmehl
1 Pck. Backpulver

1 Eigelb zum Bestreichen
etwas Wasser
50 g geschmolzene Butter
Rohrohrzucker

1 Für den Teig den Magerquark mit Öl und Ei verrühren. Zucker, Salz, Dinkelmehl und Backpulver vermischen und zur Quarkmasse geben. Alle Zutaten mit den Knethaken des Handrührgeräts zu einem glatten Teig verkneten.

2 Den Backofen auf 200 °C (Umluft) vorheizen und zwei Backbleche mit Backpapier belegen. Den Teig auf der leicht mit Mehl bestäubten Arbeitsfläche etwa 1 cm dick ausrollen. Daraus mithilfe von Ausstechern Hasen ausstechen und auf den Backblechen verteilen.

3 Das Eigelb mit etwas Wasser verrühren und die Oberfläche der Hasen damit bestreichen. Auf der mittleren Schiene des Backofens in etwa 15 Minuten goldbraun backen. Die Hasen gleich nach dem Backen mit der geschmolzenen Butter bestreichen und mit Rohrohrzucker bestreuen.

Wie der Begriff *Cafehygge* schon vermuten lässt, beschreibt er die *hyggelige* Zeit, die man in einem Café verbringen kann. Ob es die regelmäßigen Treffen mit der Freundin im Lieblingscafé um die Ecke sind, die Verabredungen mit Freunden zum Brunch oder das Entdecken neuer Cafés. Vielleicht gibt es auch ein Familienritual, das darin besteht, jeden Monat ein neues Café auszuprobieren und den leckersten Kaffee in der Umgebung zu finden. Es tut gut, sich abund an eine Auszeit zu gönnen und die angenehme Atmosphäre in einem schönen Café zu genießen. Meist entscheidet man sich für Cafés, die einem besonders gut gefallen. Man legt Augenmerk auf die Einrichtung, die Musik, die Auswahl der Speisen und Getränke, die nette Bedienung oder das interes-

# CAFEHYGGE

sante Publikum. Vielleicht auch auf den tollen Ausblick, den man von dort hat. Wenn das Gesamtpaket stimmt, freut man sich schon im Voraus darauf, genießt die Momente dort und kann den nächsten Besuch im Lieblingscafé kaum erwarten.

Ich empfinde *Cafehygge*, wenn ich ein Café entdeckt habe, das individuell dekoriert ist, sodass es viel zu sehen gibt. Im Hintergrund spielt Lounge-Musik, und die Gerichte sind alle selbst gemacht. Die Tische stehen nicht so nah beieinander, damit man sich gut unterhalten kann. Schön ist es, wenn es Sitzplätze im Freien gibt, die einen Ausblick auf einen See oder das Großstadtgetümmel bieten. Ich liebe es, Menschen zu beobachten und die Atmosphäre aufzusaugen, die mich umgibt. Manchmal kommen mir dabei Ideen, was ich stricken oder wie ich meine Garderobe anders zusammenstellen kann. All diese Eindrücke sind sehr inspirierend.

Eines meiner Lieblingscafés ist das Café Norden in Kopenhagen. Es ist mitten in der Innenstadt gelegen und bietet den besten Ausblick auf das Treiben rund um die umliegenden Geschäfte. Den Brunch sowie Kaffee und Kuchen kann ich nur empfehlen! Überall gibt es Kissen, Felle und *Hyggehjørner* (*hyggelige* Ecken), und draußen spenden kuschelige Wolldecken Wärme. Ob ich mich dort mit einem Bekannten treffe oder auch mal eine Pause von der Arbeit mache, es sind jedes Mal *hyggelige* Momente – und ich bleibe immer länger, als ich eigentlich geplant hatte. Aber nicht nur in Dänemark gibt es viele solcher *hyggeligen* Cafés – auch hier entstehen immer mehr Landcafés, die selbst gebackenen Kuchen anbieten und eine Einrichtung aus Alt und Neu haben. Die Einladung, sich dort zu *hyggen*, nehme ich gern an und wünsche auch dir *hyggelige* Café-Momente, die du ab jetzt vielleicht ganz bewusst als *hyggelig* empfindest.

FRAGEN RUND UM HYGGE

**KIM LARSEN**
CEO von Broste Copenhagen

*Kim Larsen ist seit 2008 Geschäftsführer von Broste Copenhagen. Das Unternehmen existiert bereits seit über 60 Jahren und ich kannte lange Zeit nur die Kerzen. Seit ein paar Jahren ist Broste Copenhagen, wie ich finde, moderner geworden und bietet zeitlose nordische Wohnaccessoires und auch Möbel, die mir sehr gefallen. Hier findet man alles von A bis Z für ein hyggeliges Zuhause.*

**WAS IST *HYGGE* – WIE WÜRDEST DU EINEM DEUTSCHEN *HYGGE* ERKLÄREN?** Es ist schwer, *Hygge* genau zu beschreiben; es ist ein Gefühl und ein Phänomen, welches ein fester Teil der dänischen Kultur geworden ist. Ich würde *Hygge* als eine wohlige Stimmung bezeichnen, die in vielen verschiedenen Zusammenhängen entstehen kann.

**WAS BEDEUTET *HYGGE* FÜR DICH?** Eine *hyggelige* Situation entsteht oft, wenn ich mit meiner Familie und engen Freunden zusammen bin. Wir können uns bei einem leckeren Abendessen *hyggen*, einen schönen Sommerabend mit Grillen verbringen oder auf dem Sofa vor dem Ofen sitzen und eine Tasse Kaffee genießen.

***HYGGST* DU BEWUSST ODER UNBEWUSST?** Das ist unterschiedlich. Doch ich meine ganz klar, dass *Hygge* sowohl bewusst als auch unbewusst entstehen kann. Bewusst, wenn ein gemeinsames Abendessen oder eine Verabredung mit Freunden geplant wird. Unbewusst, wenn man zum Beispiel durch die inspirierenden Straßen Kopenhagens bummelt und das Vibrieren der Stadt genießt.

**WIE WICHTIG SIND TRADITIONEN FÜR DIE *HYGGE*?** In Dänemark sind wir generell gut darin, Feiertage und Traditionen zu feiern. Ich persönlich denke, sowohl Weihnachten als auch Ostern und das Sankt-Hans-Feuer sind wichtige Anlässe, wenn es darum geht, zu *hyggen*. Wir freuen uns immer auf Weihnachten und die damit verbundene Weihnachts-*Hygge*, die süßen Sachen und das Beisammensein mit der Familie. Über Ostern treffen sich viele Dänen oft mit ihren Freunden und der Familie und man *hyggt* zusammen bei einem leckeren Osterbrunch; während man die *Hygge* im Freien mit Grillen und Picknicks oftmals mit dem Sankt-Hans-Feuer verbindet.

**WIE WICHTIG IST DANKBARKEIT FÜR DIE *HYGGE*?** Dankbarkeit ist absolut wichtig. *Hygge* entsteht oft in Verbindung mit dem *hyggeligen* Zusammenkommen – wenn wir mit den Menschen zusammen sind, die wir mögen – und genau dafür sind wir dankbar.

**WIE WICHTIG IST ES, IM HIER UND JETZT ZU LEBEN?** Das ist auch sehr wichtig. Nach meiner Ansicht schaffen die Fähigkeit, in der Gegenwart präsent zu sein, und das Beisammensein eine wichtige Grundlage für *Hygge*.

**WAS IST NOCH WICHTIG?** Hauptsächlich geht es darum, sich mit lieben Menschen zu umgeben. Aber eine *hyggelige* Umgebung ist durchaus auch notwendig.

**MACHT *HYGGE* WIRKLICH GLÜCKLICHER?** Absolut.

**GLAUBST DU, DASS DIE DÄNEN GLÜCKLICHER ALS DIE DEUTSCHEN SIND?** Untersuchungen zeigen, dass die Dänen zu den glücklichsten Menschen der Welt gehören. Ob das der *Hygge* zu verdanken ist, ist schwer zu beantworten. Aber ich denke, dass die Dänen mit ihrer sehr lockeren und entspannten Einstellung zum Leben eine gute Grundlage für mehr *Hygge* haben.

**WELCHE *HYGGELIGEN* ERINNERUNGEN VERBINDEST DU MIT DEINER KINDHEIT?** Ich habe viele schöne Erinnerungen, die ich mit *Hygge* verbinde. Aber besonders erinnere ich mich an die Zeit, als ich meine Großeltern auf ihrem kleinen idyllischen Bauernhof in Nordjütland besucht habe.

**WAS MACHST DU, UM ES IM ALLTAG *HYGGELIG* ZU HABEN?** *Hygge* im Alltag erschafft man durch die kleinen Dinge, die eine große Bedeutung haben. Ich finde es wichtig, morgens und abends gemeinsam mit der Familie zu essen und dabei Zeit zum Reden und zum *Hyggen* zu haben. Aber gleichzeitig denke ich auch, dass man sich *Hygge* erschaffen kann, indem man sein Zuhause zum Beispiel mit Kerzen, kuscheligen Textilien und anderen Produkten einrichtet, die eine behagliche und *hyggelige* Atmosphäre erschaffen.

**WENN DU VERREIST, WAS NIMMST DU MIT, DAMIT ES DORT *HYGGELIG* IST?** Gute Musik. Ich finde, Musik hat die besondere Fähigkeit, immer und überall eine *hyggelige* Stimmung zu schaffen.

**WENN DU ETWAS PRODUZIERST ODER DESIGNST, ACHTEST DU DARAUF, DASS ES *HYGGELIG* IST?**
Bei Broste Copenhagen arbeiten wir immer daran, eine nordisch inspirierte Kollektion zu kreieren, die zu einer *hyggeligen* Stimmung beiträgt.

Es ist herrlich, sich mit Freundinnen auf einen Kaffee zu treffen und Zeit zum Reden und Austauschen zu haben. Die Dänen nennen das *Hyggesnak*. Dafür braucht es nicht unbedingt eine Verabredung. Manchmal reicht es auch schon, jemanden zufällig beim Einkaufen zu treffen und sich, wie die Norddeutschen sagen, „festzuklönen" – sich einfach so gut zu unterhalten, dass die Zeit wie im Flug vergeht.

Und weil es so guttut und die Freunde nicht unbedingt um die Ecke wohnen, ist es auch immer ein schönes Vorhaben, sich zum *Hyggesnak* zu verabreden. Mal von jetzt auf gleich, mal mit Vorfreude und mehr Zeit. Das ist ganz egal!

# HYGGESNAK

Es geht darum, sich überhaupt die Zeit dafür zu nehmen und das Vorhaben wirklich in die Tat umzusetzen. Weil es eben *hyggelig* ist. Im Frühjahr bietet es sich etwa an, sich im Freien zu treffen. Ob im Café in der Stadt, beim Picknick im Park oder auf dem Balkon – Hauptsache, es ist schön *hyggelig*. Es braucht dazu keine großen Vorbereitungen: Frischer Kaffee, vielleicht eine Kleinigkeit zu essen und unter Umständen eine Kerze reichen völlig aus. Denn es geht um das Zusammensein und nicht um einen Preis für den besten Gastgeber.

Wenn ich eine Freundin zu mir nach Hause einlade und für die Vorbereitung Zeit habe, dann finde ich Himbeerschnitten (*Hindbærsnitter*) total praktisch und lecker. Sie halten sich ein paar Tage frisch und sind eine typisch dänische Spezialität, die es dort in jeder Bäckerei gibt. Sie selbst zu machen, ist sehr einfach und kostet nicht viel Zeit. Damit ist es für mich ein klassisches *Hygge*-Rezept. Nur für das Ausrollen des Mürbeteigs brauche ich etwas Geduld. Alles andere ist schnell gemacht. Nach dem Backen wird der Teig nur noch mit Glasur und bunten Streuseln oder gefriergetrockneten Himbeerstückchen verziert. Eines habe ich durch meine Besuche in Dänemark nämlich gelernt: Wenn es zu aufwendig und stressig ist, ist es keine *Hygge*! Es muss schon beim Vorbereiten und Backen *hyggelig* sein, sonst läuft etwas schief.

# Himbeerschnitten

## Hindbærsnitter

Meine Mutter liebt Hindbærsnitter. Wenn wir in Dänemark sind, wählt sie sie jedes Mal aus. Sie isst sie noch lieber als das dänische Zimtgebäck. Wobei ... das Eine schließt das Andere ja nicht aus. Schließlich ist es ja Urlaub. Mittlerweile kommt sie auch zu Hause in Deutschland ab und an in den Genuss einer Himbeerschnitte. Ob die ihr und euch hier genauso lecker wie in Dänemark schmecken?

Ergibt 1 Backblech

Für die Schnitten
300 g Weizenmehl
75 g Mandelmehl
2 TL Backpulver
250 g zimmerwarme Butter in Stückchen
3 Eigelb
100 g Puderzucker
350 g Himbeerkonfitüre ohne Stückchen

Für die Glasur
400 g Puderzucker
2 TL Limettensaft
4–5 EL Wasser

Zum Garnieren
bunte Streusel, gefriergetrocknete Himbeerstückchen oder Lakritzpulver

1 Mehl, Mandelmehl und Backpulver vermischen und mit der Butter verkneten. Eigelb und Puderzucker hinzufügen und alles schnell zu einem glatten Teig verkneten. Den Teig in Frischhaltefolie wickeln und für mindestens 2 Stunden im Kühlschrank kalt stellen.

2 Den Backofen auf 180 °C (Ober-/Unterhitze) vorheizen. Den Teig in zwei Hälften teilen. Jede Hälfte zwischen zwei bemehlten Backpapierblättern ca. 3 mm dünn ausrollen. Die erste Hälfte auf ein mit Backpapier belegtes Backblech legen und den überstehenden Teig gleichmäßig abschneiden.

3 Den Teig mit der Himbeerkonfitüre bestreichen. Die zweite Hälfte des Mürbeteigs vorsichtig darauflegen. Die Ränder abschneiden und andrücken. Den Kuchen mit einer Gabel mehrfach einstechen.

4 Auf der mittleren Schiene im Backofen ca. 20 Minuten backen, bis der Kuchen leicht gebräunt ist. Die Glasur aus Puderzucker, Limettensaft und Wasser auf dem noch warmen Kuchen verteilen und mit Belag nach eigenem Geschmack verzieren. Nach dem Abkühlen in Schnitten teilen.

Mein Tipp: Die Himbeerschnitten lassen sich auch prima zum Picknick mitnehmen. Außerdem eignen sie sich in kleineren Stücken auch gut als Party-Finger-Food.

Auch in Dänemark gibt es im Frühjahr viele Gründe für einen Festtag mit der ganzen Familie. Wenn die Familie zusammenkommt, soll es dann natürlich Familien-*Hygge* sein. Das bedeutet für die Dänen auch, mögliche strittige Themen bewusst nicht anzusprechen, damit alle gemeinsam einen schönen Tag erleben, der allen in guter Erinnerung bleibt.

Im Mai werden zum Beispiel auch die Konfirmanden gefeiert. Im Gegensatz zu uns finde ich allerdings, dass in Dänemark viel mehr Aufwand dafür betrieben wird. Auch wenn in Deutschland immer mehr Wert auf Styling und größere Feiern gelegt wird. In Dänemark dagegen werden schon lange richtig große

# FAMILIEN-HYGGE

Konfirmationspartys veranstaltet und manchmal wird gar eine Limousine gemietet. Die Konfirmanden bekommen festliche Anzüge oder Kleider, es wird ein mehrgängiges Menü serviert und die Geschenke fallen dementsprechend üppig aus. Während der Feiern werden auf den Konfirmanden umgedichtete Lieder gesungen und unzählige Reden gehalten. So will es die Tradition und daran halten die Dänen fest. An dieser Stelle sei angemerkt, dass viele Dänen nicht sehr religiös sind. Sie sind quasi von Geburt an Mitglied der Staatskirche, doch ohne sich später viele Gedanken über ihren Glauben zu machen. Allerdings: *Hyggelig* und praktisch wie sie sind, nutzen sie auch die Konfirmation für eine *hyggelige* Feier.

Ich finde Familienfeste im Mai wunderschön. Besonders, wenn das Wetter mitspielt und wir im Garten feiern können. Mit weißem Geschirr, weißer Tischdecke, weißer Dekoration und weißen Blumen. Unsere Kinder wurden im Mai getauft, und das eine Mal haben wir mit allen Gästen bis spät in die Nacht im Freien gefeiert. Wir hatten das Glück, dass es einer dieser Tage war, an denen es noch lange warm und gemütlich ist und so saß ich noch lange mit meiner dänischen Freundin auf der Terrasse, umgeben von Kerzenlicht und mit einem Glas Wein in der Hand. Eine unvergessliche Erinnerung für uns.

Es ist recht einfach, ein *hyggeliges* Fest zu feiern: Wimpelketten, Luftballons oder Lampions in den Bäumen, Blumen von Wald und Wiesenrand auf den Tischen und dazu eine imposante Torte, die aber ganz einfach zuzubereiten ist. Je nach Anzahl der Gäste bringt jeder etwas Süßes für die Kaffeetafel mit. Doch ich mag es auch gern, alles vorher zu organisieren und vorzubereiten, damit wir einen gemeinsamen Familien-*Hygge*-Tag verbringen können. Und wer keinen Garten hat, packt sich einen Picknickkorb und fährt ins Grüne.

# Schokoladen-Walnuss-Torte

## Valnøddekage

Das erste Mal haben wir die Schokoladen-Walnuss-Torte im Svinkløv Badehotel in Jütland genossen. Doch selbst in der berühmten Konditorei La Glace in Kopenhagen habe ich eine Variante davon entdeckt. Ich backe die Torte oft an Festtagen. Sie ist schnell zuzubereiten und das Beste ist die Glasur - sie schmeckt einfach himmlisch.

Ergibt 1 Torte (ø 26 cm)

1000 g süße Sahne
300 g gehackte Walnüsse (12 schöne Nusshälften für die Dekoration zur Seite legen)
300 g gehackte dunkle Schokolade
1 Wienerboden (Fertigprodukt)
2 EL Instant-Espressopulver
4 EL kochendes Wasser
Puderzucker

1 Die Sahne steif schlagen und mit den gehackten Walnüssen und der Schokolade verrühren.

2 Den ersten Tortenboden mit einem Drittel der Sahnemischung bestreichen. Den zweiten Tortenboden darauflegen und noch ein Drittel der Mischung darauf verteilen. Den letzten Tortenboden obenauf legen und den Rand der Torte mit der restlichen Sahnemischung gleichmäßig bestreichen.

3 Das Espressopulver in dem kochenden Wasser auflösen und so viel Puderzucker dazugeben, bis eine deckende Glasur entsteht. Die Glasur gleichmäßig auf der Oberfläche der Torte verteilen.

4 Die Torte zum Schluss mit den Walnusshälften dekorieren und bis zum Servieren kalt stellen.

FRAGEN RUND UM HYGGE

**SUS BOJESEN ROSENQVIST**
Inhaberin von Kay Bojesen

*Sus ist die Enkeltochter des Designers Kay Bojesen, der neben den bekannten Holztieren auch Geschirr und Besteck entworfen hat. Das sind für mich Produkte, bei denen man die dänische Designgeschichte spüren kann. Seit 2011 ist Sus unter anderem für das zeitlose Besteck Grand Prix verantwortlich. Es entstand bereits 1938 und liegt durch seine kürzere Form angenehm in der Hand. Man findet es heutzutage in vielen dänischen Spitzenrestaurants wie dem Höst oder dem Kadeau in Kopenhagen. Daneben warten noch weitere Designskizzen von Kay in Sus Schubladen, die ebenfalls auf eine Wiedergeburt hoffen können.*

**WAS IST *HYGGE* – WIE WÜRDEST DU EINEM DEUTSCHEN *HYGGE* ERKLÄREN?** *Hygge* sind die kleinen Dinge: Das können eine brennende Kerze sein, eine Tüte voll Bonbons in der Tasche oder eine entspannte Mahlzeit mit Menschen, die man liebt. Romantik hat einen großen Anteil an *Hygge*.

**GIBT ES FÜR DICH EINEN UNTERSCHIED ZWISCHEN *HYGGE* DAMALS UND *HYGGE* HEUTE?** Es gibt immer einen Unterschied, wie man die *Hygge* als Kind oder als Erwachsener wahrnimmt. Der größte Unterschied liegt wohl im technischen Equipment, das wir heutzutage benutzen, egal ob als Kind oder Erwachsener. Diese Dinge stören oftmals die *Hygge*, wenn man mit anderen zusammen ist. Es kann jedoch *hyggelig* sein, sich an einem kalten Sonntag aufs Sofa zu legen, sich in eine Decke einzukuscheln und ein Tablet in den Händen zu halten, auf dem man liest oder Blogs durchstöbert.

**WAS BEDEUTET *HYGGE* FÜR DICH?** Entspannung und Präsenz. Wenn man nicht präsent und entspannt ist, wird es niemals *hyggelig*.

***HYGGST* DU BEWUSST ODER UNBEWUSST?** Sowohl als auch. Es kann wie gesagt die kleine Bonbontüte sein, die man beim Waldspaziergang teilt, das wäre eine unbewusste Form der *Hygge*. Aber oft ist es bewusst: Ich backe einen Kuchen, koche leckeres Essen, spiele ein Spiel – das kann ein Brettspiel oder ein Computerspiel sein (ich bin allerdings ziemlich schlecht darin, sodass es nicht immer *hyggelig* endet). In jedem Fall kommt es auf die Präsenz an und darauf, dass man versucht, während der Vorbereitungen nicht allzu sehr gestresst zu sein, denn dann verschwindet die *Hygge*. So ist es beim Essen total in Ordnung, wenn es kein Drei-Gänge-Menü mit Deko auf dem Tisch ist. Ein Schmorgericht und ein Dessert, das auch aus einem einzelnen Stück guter Schokolade bestehen kann, sind einfach perfekt.

**WIE WICHTIG SIND TRADITIONEN FÜR DIE *HYGGE*?** Traditionen sind wichtig, aber nicht für die *Hygge*, da sie dazu tendieren, leider etwas anstrengend zu werden. Wegen all der Erwartungen, die man an eine bestimmte Situation stellt, und wegen denen, die die anderen haben, artet es schnell in Stress aus. Ich denke dabei besonders an Weihnachten, Ostern und teilweise auch an die Geburtstage. In Verbindung mit Traditionen ist es als Mutter und Gastgeberin oft schwer, präsent und entspannt zu sein, weil alles so sein soll, wie es immer war.

**WIE WICHTIG SIND ERINNERUNGEN FÜR DIE *HYGGE*?** Sehr wichtig. Dazu gehören etwa Fotos, Musik und gutes Essen.

**WIE WICHTIG IST DANKBARKEIT FÜR DIE *HYGGE*?** Hm – die beiden Sachen hängen nicht wirklich zusammen. *Hygge* ist ein Gefühl oder eine Stimmung, dafür sollte man nicht dankbar sein. Und doch sollte man dankbar sein, dass man an einem Ort auf der Welt lebt, an dem es möglich ist, zu *hyggen,* und dass man jemanden hat, mit dem man *hyggen* kann.

**WIE WICHTIG IST ES, IM HIER UND JETZT ZU LEBEN?** Das ist das Entscheidende, denn anders kommt das Gefühl gar nicht erst auf.

**WAS IST NOCH WICHTIG?** Nähe ist wichtig.

**MACHT *HYGGE* WIRKLICH GLÜCKLICHER?** Ja, ganz sicher. Ich glaube, ohne *Hygge* fühlt man sich etwas einsam.

**GLAUBST DU, DASS DIE DÄNEN GLÜCKLICHER ALS DIE DEUTSCHEN SIND?** Warum sollten wir das sein? Es ist ja schön, dass die Dänen immer wieder zu den glücklichsten Menschen gezählt werden. Und generell haben wir es gut. Aber ob wir glücklicher sind, kann ich nicht sagen.

**WELCHE *HYGGELIGEN* ERINNERUNGEN VERBINDEST DU MIT DEINER KINDHEIT?** Sonne, Sommer, immer gutes Wetter, meine Eltern, mein Großvater, Schweden (meine Mutter war Schwedin), meine Freundin Lone und natürlich Traditionen.

**WIE HAST DU FÜR *HYGGE* IN DER ERSTEN EIGENEN WOHNUNG GESORGT?** Ich habe sie mit alten Möbeln aus dem Haus meiner Eltern eingerichtet, zum Beispiel mit einem Esstisch und vier Stühlen, die sie für ihre erste Wohnung bekommen haben. Dazu kamen ein altes Sofa mit einem Stoffüberwurf und immer frische Blumen. Das war *superhyggelig.*

**WAS IST DIR HEUTZUTAGE WICHTIG, DAMIT ES IN DEINEM ZUHAUSE *HYGGELIG* IST?** Unser Zuhause ist ein großartiger Mix von meinem Mann und mir – es ähnelt keinem anderen Zuhause. Das war keine bewusste Entscheidung, es hat sich einfach so ergeben. Wir denken, dass es Wärme und *Hygge* ausstrahlt. Außerdem ist es mir wichtig, immer frische Blumen zu haben. Ganz selten haben wir mal keine.

**WAS MACHST DU, UM ES IM ALLTAG *HYGGELIG* ZU HABEN?** Wir frühstücken immer zusammen, das haben wir immer gemacht. Auch wenn es nur zehn Minuten sind, ist es sehr *hyggelig* und man erfährt, was der andere macht, und kann etwas plaudern. Das ist ein guter und *hyggeliger* Start in den Tag. Außerdem können es *hyggelige* Momente auf der Arbeit sein, oft verbunden mit einem kleinen Snack. Ich liebe es, wenn jemand mit einer Tasse Kaffee und einem Stück Schokolade zu mir kommt. Auch eine Tasse Tee nach dem Abendessen entspannt nach dem Arbeitstag und ist immer schön und *hyggelig*.

**WENN DU VERREIST, WAS NIMMST DU MIT, DAMIT ES DORT *HYGGELIG* IST?** Das kommt darauf an, wohin man fährt. Aber immer ein Kartenspiel, Quizfragen und ein gutes Buch.

**WENN DU ETWAS PRODUZIERST ODER DESIGNST, ACHTEST DU DARAUF, DASS ES *HYGGELIG* IST?** Ich denke nicht, dass Besteck oder eine Schüssel *hyggelig* sein können. Sie sind eher praktisch. Aber sie sind oft ein wichtiger Bestandteil eines hübsch eingedeckten Tischs für ein *hyggeliges* Abendessen.

# Sommer Hygge

*Hallo, Sommer! Schön, dass du da bist. In Dänemark wirst du traditionell am 23. Juni zur Sonnenwende am Sankt-Hans-Abend mit einem großen Feuer willkommen geheißen. Man feiert zusammen und freut sich gemeinsam darauf, was die warme Jahreszeit so alles bringen mag.*

*In Dänemark haben alle Kinder von Ende Juni bis Anfang August Schulferien. In dieser Zeit hat die Sommer-Hygge Hochsaison: Man bezieht die Ferienhäuser am Meer oder reist in die Ferne. Wir strömen ins Freibad oder an den See für eine kurze Erfrischung. Wenn es zu heiß wird, verbringen wir die Mittagshitze im kühlenden Haus. Dafür wird dann die Nacht zum Tag. Die Zeit für große Grillfeste ist gekommen oder wir versammeln uns am Lagerfeuer und erzählen uns Geschichten. Wir machen Ausflüge ans Meer oder in den Wald – solange die Sonne scheint, wollen wir im Freien sein. Sommerblumen blühen in satten Farben und die ganze Welt scheint herrlich zu duften.*

*Ein hyggeliger Sommer ist ein Sommer, wie wir ihn aus unserer Kindheit kennen: Sonnenschein, Baden, Eisessen und Faulenzen.*

# TIPPS FÜR HYGGELIGE MOMENTE

- die ersten Erdbeeren pflücken und gleich vernaschen
- den längsten Tag des Jahres feiern
- den warmen Fahrtwind bei einer Fahrradtour genießen
- einen Sommerstrauß pflücken
- ein Open-Air-Konzert, ein Festival oder eine Gartenmesse besuchen
- die Fenster offen lassen und sich von der Morgendämmerung wecken lassen
- frühmorgens Holunderblüten pflücken und Sirup ansetzen

* Vasen mit frischen Sommerblumen füllen
* frisches Gemüse vom Balkon oder aus dem Garten ernten
* so oft wie möglich im Freien kochen und essen
* bunte Dahlien und Gladiolen bestaunen
* nach Sternschnuppen Ausschau halten
* eine Bootstour mit anschließendem Picknick machen
* ein Familiensommerfest veranstalten
* Badeseen und Freibäder besuchen

* einen Ausflug ans Meer oder an einen See machen
* Eis selbst machen
* eine Nacht unter freiem Himmel schlafen
* lange Abende am Lagerfeuer verbringen
* in der Sonne dösen
* das taufrische Gras unter den Füßen spüren
* ein erfrischendes Bad in der Natur oder im Schwimmbad nehmen
* neue erfrischende Getränke-Varianten für die heißen Sommertage ausprobieren

Ich kann mich gut daran erinnern, wie sehr ich mich als Kind gefreut habe, wenn mein Geburtstag vor der Tür stand. Gerade als Kind sind (die eigenen) Geburtstage einfach großartig und wichtig. Man kann es kaum erwarten und ist gespannt und so aufgeregt, dass man die Nacht davor kaum schlafen kann. Auch als Mutter mochte ich es sehr gern, wenn ich für meine Kinder einen unvergesslichen Tag gestalten konnte. Auch in Dänemark ist der Geburtstag ein großer Festtag.

Natürlich gibt es an diesem Ehrentag ganz viel Geburtstags-*Hygge*, das nennt sich dann *Fødselsdagshygge*. Wenn das Geburtstagskind morgens aufwacht,

# FØDSELSDAGSHYGGE

liegen bereits einige der Geschenke vor seinem Bett. Die Familie steht dann ebenfalls schon bereit, um gemeinsam zu singen und das Geburtstagskind hochleben zu lassen. Zum Frühstück gibt es *Fødselsdagsboller* (Brötchen) mit Butter, die mit kleinen *Dannebrogs* (dänische Flaggen) dekoriert werden. Auch die Wohnung, das Haus und der Eingang sind mit *Dannebrogs* geschmückt, sodass man immer sehen kann, wo gerade jemand Geburtstag feiert. Zur Geburtstags-Tradition gehört in Dänemark auch der *Kagemand*: Aus Blätterteig oder Brandteig wird ein Männchen ausgeschnitten, mit Glasur oder Marzipan bedeckt und mit reichlich Süßigkeiten wie Lakritz, Schokolinsen und Gummibärchen verziert. Ganz wichtig ist auch der *Fødselsdags-Lagkage*, die Geburtstagstorte. Diese besteht aus Biskuitteig mit Vanillecreme, reichlich Erdbeeren und Sahne und wird bereits am Geburtstagsmorgen serviert. Natürlich ist auch sie mit vielen *Dannebrogs* und Kerzen geschmückt.

Mit meinen Neffen aus Kopenhagen sind diese Traditionen auch über die Ostsee zu uns geschwappt. Und wenn sie zu uns kommen, um ihren Geburtstag mit ihrer Verwandtschaft in Deutschland zu feiern, dann freue ich mich sehr. Ich finde es schön, für strahlende Kinderaugen zu sorgen. Mein kleiner Neffe hat im Sommer Geburtstag, da passte eine Geburtstagsfeier im Freien mit vielen bunten Luftballons und buntem Melamin-Geschirr richtig gut. Ich habe an diesem Tag zum ersten Mal einen *Kagemand,* ein Kuchenmännchen, gebacken, sein Papa hat Geburtstagsbrötchen vorbereitet und am Abend gab es Hot Dogs. Zum Schluss wurde die bunte Luftballon-Schlange abgenommen und durch den Garten gezogen. Dem Dänennachwuchs scheint es gefallen zu haben. Ganz gleich welcher Geburtstag gefeiert wird, Hauptsache, das Geburtstagskind findet es *hyggelig*. Und den *Kagemand*, den habe ich nicht zum letzten Mal gebacken.

PARTY

# Geburtstagskuchen

## *Kagemand*

Wann immer ich meine Kinder fragte, was sie sich für einen Kuchen zum Geburtstag wünschen, war es fast immer irgendetwas mit Schokolade. Und bei den Feiern war der Schokoladenkuchen immer zuerst weg. Darum habe ich meinen Geburtstagskuchen nicht wie in Dänemark üblich aus Blätterteig oder Brandteig gebacken, sondern als Grundlage ein einfaches Schokoladenkuchen-Rezept verwendet.

Für 1 Backblech

450 g weiche Butter
500 g Zucker
2 EL Vanillezucker
6 Eier
500 g Mehl
1 Pck. Backpulver
6 gehäufte EL Kakaopulver
200 ml Milch
150 ml kochendes Wasser
250 g Puderzucker
etwas Wasser
Dekoration nach Geschmack

1 Den Backofen auf 180 °C (Ober-/Unterhitze) vorheizen. Die Butter verrühren und mit dem Zucker und dem Vanillezucker mischen. Nach und nach alle Eier hinzugeben und unterrühren. Mehl, Backpulver, Kakao und Milch unterheben und zum Schluss vorsichtig das kochende Wasser unterrühren.

2 Den Teig auf ein gefettetes und bemehltes Backblech geben und auf der mittleren Schiene ca. 45 Minuten backen.

3 Den Kuchen auskühlen lassen und entweder eine Jungen- oder Mädchenform daraus ausschneiden. Aus den übrigen Kuchenrändern mit einem Keksausstecher verschiedene Formen ausstechen und später ebenfalls dekorieren.

4 Den Kuchen entweder auf dem Backblech servieren oder mit Fingerspitzengefühl auf ein umgedrehtes Tablett oder einen Kuchenteller stürzen. Aus dem Puderzucker und Wasser eine Glasur herstellen und auf den Kuchen geben. Solange die Glasur noch feucht ist, die Dekoration auf dem Kuchen verteilen.

Mein Tipp: Vorlagen und Inspirationen für die Dekoration findest du im Internet, wenn du nach dem Stichwort *Kagemand* suchst.

Tatsächlich hat es die Erdbeere geschafft, auf Dänisch einen eigenen *Hygge*-Namen zu bekommen: die *Jordbærhygge*. Das ist der Geruch und der Geschmack des Sommers, so steht es zumindest auf den Kartons der Erdbeer-Lieferanten. Ich finde, sie haben recht: Sonnenschein, Erdbeeren, Baden und Grillen gehören nicht nur für die Dänen zum Sommer dazu.

Einige Hofcafés bieten spezielle *Jordbærhygge*-Events an und auf den Erdbeerfeldern gibt es natürlich jede Menge *Jordbærhygge*, wenn man die köstlichen Früchte direkt in den Mund stecken und genießen kann und nebenbei Körbe voller frischer Erdbeeren zum Mitnehmen pflückt. Zu Hause wird

# ERDBEER-HYGGE

dann daraus *rød grod med fløde* (Rote Grütze mit Sahne) gemacht. Dafür werden Erdbeeren, Himbeeren (diese erst zum Schluss hinzufügen), rote und schwarze Johannisbeeren und Zucker im gleichen Verhältnis kurz aufgekocht. Die entstandene Flüssigkeit wird mit etwas Stärke angedickt. Dazu reicht man flüssige oder leicht geschlagene Sahne. Die Erdbeeren kommen ansonsten auf das Müsli, in den Salat oder werden zu Brause, Smoothie, Eis oder Konfitüre verarbeitet. Und natürlich wird gebacken: Erdbeertorten oder Tartelettes mit Sahne, Marzipan oder Vanillecreme und alles richtig dänisch süß. Das ist der Geschmack vom dänischen Sommer. Doppelt *hyggelig* machen es sich die Dänen am Sonntag, nämlich dann, wenn die Sonntags-*Hygge* mit der Erdbeer-*Hygge* verbunden wird und man mit der Familie eine frisch gebackene Erdbeertorte verspeist. Ganz schön clever von den Dänen, oder?

Neben der Erdbeer-*Hygge* gibt es auch noch die Himbeer-, Kirsch- oder Was-weiß-ich-*Hygge*. Die Dänen zelebrieren die saisonalen Ernten und nutzen auch diese scheinbaren Selbstverständlichkeiten, um es sich richtig gut gehen zu lassen. Ob die Dänen von ihren Erdbeeren in Anbetracht von so viel Aufmerksamkeit und Wertschätzung mit noch mehr Süße und Geschmack belohnt werden? Das weiß ich nicht. Aber ein Sommerurlaub in Dänemark ohne leckere Erdbeeren in allen Variationen ist für uns unvorstellbar.

Erdbeer-
Sirup

Erdbeer
Rhabarber

FRAGEN RUND UM HYGGE

**HENRIETTE TRÆHOLT**
Projektchefin der Formland-Messe in Herning, Dänemark

*Henriette Træholt ist die Projektchefin der dänischen Interior- und Designmesse Formland. Ihr und ihrem Messeteam verdanke ich viel praktisches Wissen rund um die Hygge. Und durch ihre Arbeit ist es auch bei uns in Deutschland viel hyggeliger geworden. Denn dank der Formland-Messe gibt es viele dänische Produkte für ein hyggeliges Zuhause nun auch bei uns in Designgeschäften oder in Dekoshops zu kaufen. Ich persönlich habe durch unsere Zusammenarbeit viel Hygge erlebt, darüber gelernt und sie verinnerlicht. Der Austausch mit Henriette ist einfach immer inspirierend und hyggelig.*

**WAS IST *HYGGE* – WIE WÜRDEST DU EINEM DEUTSCHEN *HYGGE* ERKLÄREN?** *Hygge* ist, auf eine besondere Art und Weise miteinander Zeit zu verbringen. Es hängt davon ab, mit wem man zusammen ist, wo man ist und was man macht. Was man als *hyggelig* betrachtet, kann von Person zu Person sehr unterschiedlich sein. Manch einer würde sagen, dass er sich auch allein *hyggt*, aber *Hygge* verbindet man oft damit, mit der Familie und Freunden zusammen zu sein. Und das normalerweise zu Hause oder in einer anderen vertrauten Umgebung. Wenn man sich *hyggt*, isst und trinkt man auch oft zusammen. *Hygge* ist ein grundlegender Bestandteil der dänischen Kultur und ein großer Teil des dänischen Alltags. Viele dänische Familien gestalten ihre Freizeit um das *Hygge*-Konzept herum, welches aus vielen Dingen bestehen kann. Es kann eine Stimmung, ein Gefühl oder ein konkreter Gegenstand sein. *Hygge* kann bedeuten, Zeit mit geliebten Menschen zu verbringen oder allein zu Hause zu sein, unter einer warmen Decke und mit einem warmen Kakao in den Händen.

**GIBT ES FÜR DICH EINEN UNTERSCHIED ZWISCHEN *HYGGE* DAMALS UND *HYGGE* HEUTE?** Ich denke, die Grundlagen sind die gleichen, aber die Dinge, die man zusammen macht, haben sich ein wenig verändert. *Hygge* ist soziale Aktivität, die helfen kann, Gemeinschaft im Alltag aufrechtzuerhalten. Diese Aktivität kann daraus bestehen, Zusammengehörigkeit zu schaffen, Essenstraditionen beizubehalten, Feiertage zu zelebrieren, Konzerte zu besuchen oder einfach gemeinsam Fußball zu schauen.

**WAS BEDEUTET *HYGGE* FÜR DICH?** Für mich bedeutet *Hygge*, zu entspannen, den Computer auszustellen und das Mobiltelefon wegzulegen. Man braucht genügend Zeit, um sich zu *hyggen*. Ich kann mich nicht *hyggen*, wenn ich zu viel zu tun habe.

***HYGGST* DU BEWUSST ODER UNBEWUSST?** Ich bin mir der *Hygge* nie wirklich bewusst. Nur gerade jetzt, wo wir darüber sprechen.

**WIE WICHTIG SIND TRADITIONEN FÜR DIE *HYGGE*?** Alle unsere Traditionen haben ihre Wurzeln in der *Hygge*. Ich kann mir Festtage ohne *Hygge* einfach nicht vorstellen. *Hygge* bedeutet, dass man mit der Familie zusammen ist und eine schöne Zeit verbringt, vor allem um die Feiertage herum.

**WIE WICHTIG IST DANKBARKEIT FÜR DIE *HYGGE*?** Das Wichtigste ist, Dankbarkeit zu erlernen und zu erkennen, wenn man es gut hat. Dann sagen wir: „Wie haben wir es *hyggelig*!"

**WIE WICHTIG IST ES, IM HIER UND JETZT ZU LEBEN?** *Hygge* ist die Liebe zum Hier und Jetzt – im Moment präsent zu sein, in sich selbst zu ruhen und man selbst zu sein auf eine ganz einfache Art und Weise.

**WAS IST NOCH WICHTIG?** Die Idee um die *Hygge* spiegelt einige wichtige Werte der dänischen Gesellschaft wider. Die *Hygge* ist zum Beispiel stark verbunden mit der Auffassung von Gleichheit. In *hyggeligen* Stunden sollen Ungleichheit und Uneinigkeit nicht zu spüren sein.

**MACHT *HYGGE* WIRKLICH GLÜCKLICHER?** Ja! Ganz sicher. Es ist ein Gefühl der Ruhe, der Nähe und der Gemeinschaft.

**GLAUBST DU, DASS DIE DÄNEN GLÜCKLICHER ALS DIE DEUTSCHEN SIND?** Das kann sein. Die Dänen sind ja angeblich eines der glücklichsten Völker der Erde. Ich glaube, wir verdanken dies unserem Gemeinschaftsgefühl: Wenn wir zusammenhalten, kann uns alles gelingen. In Dänemark sind wir gut darin, Sicherheit zu schaffen. Wenn wir krank werden, können wir ins Krankenhaus gehen, wenn wir alt werden, wird auf uns aufgepasst, und wenn wir arbeitslos werden, erhalten wir Unterstützung. Das sorgt dafür, dass wir uns sicher und damit glücklicher fühlen können.

**WELCHE *HYGGELIGEN* ERINNERUNGEN VERBINDEST DU MIT DEINER KINDHEIT?** Weihnachtskekse mit meiner Oma zu backen. Sommerferien mit viel Zeit, um mit der Familie zu spielen und im Meer zu baden. Winter mit Schnee und Rodeln. In den kalten Wintermonaten war es leicht, *hyggelige* Momente zu erleben, indem man einfach ein Kaminfeuer anzündete.

**WIE HAST DU FÜR *HYGGE* IN DER ERSTEN EIGENEN WOHNUNG GESORGT?** Meine erste Wohnung, in die ich mit 18 Jahren zog, war ein kleines Bauernhaus aus dem 19. Jahrhundert. Das war schon so ein *hyggeliger* Ort mit niedrigen Decken, einer winzigen Küche, einer Holzbank und kleinen Räumen. Es war daher nicht notwendig, extra viel zu machen, um es *hyggelig* zu haben.

**WAS IST DIR HEUTZUTAGE WICHTIG, DAMIT ES IN DEINEM ZUHAUSE *HYGGELIG* IST?** Ich finde, es ist wichtig, dass alles ordentlich ist. Für mich ist es schwer, mich zu entspannen und mich zu *hyggen*, wenn alles herumliegt. Unser Wohnzimmer ist der Ort, wo wir am besten *hyggen* können. Der perfekte Rahmen für die *Hygge* ist, wenn ich von Dingen umgeben bin, die etwas für mich in Bezug auf Design, Funktionalität und Geschichte bedeuten. Wir haben zum Beispiel gerade zwei neue Sofas gekauft, die komfortabler als die alten Sofas sind, und haben sehr viele Pflanzen in unserem Haus. Das gibt eine schöne, heimelige und *hyggelige* Atmosphäre.

**WAS MACHST DU, UM ES IM ALLTAG *HYGGELIG* ZU HABEN?** Ich versuche, wirklich präsent zu sein, wenn ich mit anderen zusammen bin. Dabei sind Mahlzeiten eine ausgezeichnete Möglichkeit, denn durch das gemeinsame Essen entstehen automatisch *Hygge*-Situationen: Morgens nehmen wir uns viel Zeit, um mit der ganzen Familie zusammen zu frühstücken. Mittags essen wir mit den Kollegen und abends versammelt sich die Familie wieder zur Abendessen-*Hygge*.

**WENN DU VERREIST, WAS NIMMST DU MIT, DAMIT ES DORT *HYGGELIG* IST?** *Hyggelige* Socken, ein gutes Buch und gemütliche Kleidung.

Natürlich – für die Dänen ist auch der Samstag (*Lørdag*) unbedingt ein guter Grund, es sich *hyggelig* zu machen. Dann wird die *Hygge* zur *Lørdagshygge*, zur Samstags-*Hygge*. Es gibt sie natürlich nicht nur im Sommer – jeder Samstag im Jahr kann zu einem *Hygge*-Samstag werden. Das ist ganz klar! Im Sommer genießen wir jedoch die freien Samstage mit langen Grillabenden oder Lagerfeuern ganz besonders. Ich liebe die Gespräche an den lauen Sommerabenden, das gemütliche Beisammensein, wenn keiner auf die Uhr schauen muss, und wenn keine Kälte uns daran hindert, im Freien zu bleiben. Wenn es dunkler wird und nach und nach die Kerzen auf den Tischen oder in den Windlichtern angezündet werden und irgendwann das Lagerfeuer entfacht wird – das ist für mich das schöne Leben pur und einfach *hyggelig*.

# LØRDAGSHYGGE

Wir sitzen viele Abende spontan mit den Nachbarn zusammen, nachdem wir uns tagsüber beim Rasenmähen oder Unkrautjäten am Gartenzaun getroffen haben. Jeder bringt dann etwas mit und stellt es auf den Tisch. Die Kinder laufen barfuß durch das Gras und freuen sich darauf, das Stockbrot in die Flammen halten zu dürfen. Niemand muss früh ins Bett, denn keine Schule und keine Arbeit wartet am nächsten Tag. Samstags kann das Leben besonders gut in vollen Zügen genossen werden und die Energiereserven können wieder aufgeladen werden. Um es sich dann *hyggelig* zu machen, bedarf es keines großen Aufwands. Nein, gerade im Sommer kann man sich ganz unkompliziert verabreden und den Samstagabend rund um ein Lagerfeuer im Garten, im Park oder am Seeufer verbringen.

Wer findet den Anblick eines Feuers nicht *hyggelig*? Die knackenden Holzscheite und das flackernde Licht sind anziehend und wirken magisch und die wohlige Wärme tut einfach gut. An einem späten Sommerabend genauso wie in der dunklen Jahreszeit vor dem wärmenden Kamin. Und für einen *hyggeligen* Samstag braucht es dazu nur ein paar Sitzgelegenheiten, vielleicht Kissen, Felle oder Decken, sowie etwas zu essen und zu trinken. So wird aus einem normalen Samstag eben ein *Hygge*-Samstag.

Bei einer *Hyggetur*, einem *Hygge*-Ausflug, geht es raus ins Grüne oder ans Wasser. Aber auch ein Städtetrip, der Besuch einer Sehenswürdigkeit oder eines Museums kann eine *Hyggetur* sein. Man verabredet sich mit der Familie oder mit Freunden, um gemeinsam Zeit zu verbringen und *hyggelige* Erlebnisse zu teilen. Dazu gehört immer auch ein *hyggeliges* Essen als Begleitung. Ziel einer *Hyggetur* kann ein Picknick sein oder man stoppt auf dem Weg und picknickt einfach am Straßenrand. Wer mal nach Dänemark gereist ist, dem sind vielleicht die gut genutzten Picknicktische und -bänke auf den Rastplätzen aufgefallen. Ich gebe ehrlich zu, dass wir viel zu selten ein Picknick veranstalten, denn ich würde es perfekt haben wollen und müsste mich dafür stundenlang

# HYGGETUR

in die Küche stellen, um zahlreiche Leckereien vorzubereiten und einzupacken. Was für ein Aufwand, um dann irgendwo unbequem zu sitzen und mit billigem Plastikbesteck mühselig die Erbsen aus dem Nudelsalat zu picken ... Es hat gedauert, bis ich gelernt und vor allem verinnerlicht habe, dass das alles nichts mit *Hygge* zu tun hat! Schließlich fühle ich mich beim Zubereiten oder beim bloßen Gedanken an ein Picknick nicht wohl. Doch ein Ausflug mit Picknick ist nur dann eine *Hyggetur*, wenn auch die Vorbereitung *hyggelig* ist. Es müssen einfache Rezepte für Gerichte sein, die sich ganz unproblematisch unterwegs essen lassen. Man muss zulassen können, dass es nicht perfekt ist. Wie viel schöner ist es dann, einfach mal Kuchen vom Bäcker zu kaufen und sich damit nach der Arbeit spontan bei Sonnenschein auf den Rasen im Tivoli in Kopenhagen zu setzen, wie es gerade mein Schwager mit seinen Söhnen tut, während ich dieses Kapitel schreibe.

Zum Glück gibt es viele einfache Rezepte, die sich schnell vorbereiten lassen, wie zum Beispiel Pizza-Schnecken. Dafür bestreiche ich fertigen Pizzateig mit Tomatensauce, belege ihn mit Salami und Käse und rolle alles auf. Die Rolle schneide ich in zwölf Scheiben und backe sie im Backofen durch. Auch Wraps in allen Varianten sind prima zum Mitnehmen. Vielleicht noch frischer Salat, Gemüsesticks und ein bunter Obstteller? Geht ganz einfach, ist lecker und *hyggelig*. Jetzt nehmen wir immer häufiger selbst Essen mit.

Und die Dänen, die haben tatsächlich fertige Cocktails in Flaschen im Angebot, sodass man sie überall genießen kann. Über www.nohrlund.com kann man sie sich auch nach Deutschland liefern lassen. Sie schmecken vorzüglich und sind die neue bunte Brause für uns Erwachsene.

# Rote Brause

## Rød Sodavand

Als Kinder haben wir es geliebt, wenn wir in Dänemark bunte Brause trinken durften. Das war für uns einer der absoluten Urlaubs-Hits. Manchmal gönnen wir uns jetzt – eher aus nostalgischen Gründen – immer noch eine Brause, wenn wir in Dänemark sind. Wenn wir aber über die Zutaten nachdenken, dann ist das eher weniger prickelnd. Dieses Rezept für rote Brause enthält zwar Zucker, aber immerhin keine künstlichen Geschmacksverstärker oder Farbstoffe. Und unsere Kinder sind davon genauso begeistert, wie wir es damals waren. Da es das ganze Jahr über tiefgefrorene Himbeeren gibt, kann man die Brause auch zu Kindergeburtstagen rund ums Jahr machen.

Ergibt etwa 1,5 Liter

500 g Himbeeren
300 g Zucker
600 ml Wasser
Mineralwasser zum Verdünnen

1 Himbeeren, Zucker und Wasser im Topf erhitzen. Bei schwacher Hitze ca. 30 Minuten köcheln lassen. Den Topf vom Herd nehmen und 1 Stunde abkühlen lassen.

2 Anschließend durch ein feines Sieb geben, den Sirup auffangen und vollständig auskühlen lassen.

3 Den Sirup im Verhältnis 1:4 mit Mineralwasser aufgießen.

Mein Tipp: Die ausgedrückten Himbeeren für Müsli oder Konfitüre verwenden.

**BENT MADSEN**
Thehatman.dk

*Ich freue mich ganz besonders, dass sich Bent Madsen und Anette Eckmann die Zeit genommen haben, um auf meine Fragen zu antworten. Bent findet man als thehatman.dk auf Instagram – aber eigentlich müsste er the hyggeman heißen, denn er zeigt so hyggelige Bilder und schreibt dazu ganz fantastische Texte mit einer Prise Ironie und Humor. Und ja, er trägt immer einen Hut auf den Bildern! Seine Ehefrau Anette Eckmann ist Trendsetterin, Autorin und Stylistin beim Eckmann Studio – und vor allem eine außergewöhnliche Frau mit Ideen bis zum Mond und wieder zurück.*

**WAS IST *HYGGE* – WIE WÜRDEST DU EINEM DEUTSCHEN *HYGGE* ERKLÄREN?** *Hygge* ist ein dänisches und norwegisches Wort, welches schwer zu definieren ist. Nicht-Dänen verwenden *Hygge* oft, um die dänische Mentalität zu charakterisieren. *Hygge* handelt aber davon, eine schöne und gemütliche Atmosphäre zu erschaffen, aus der Wohlbefinden entsteht. Die Liebe der Dänen zur *Hygge* und das Bedürfnis zu *hyggen*, ist ein wichtiger Teil der dänischen Mentalität. Viele Dänen bezeichnen das Wort *Hygge* als einen Teil ihrer nationalen Eigenart und DNA. Das mache ich auch.

**GIBT ES FÜR DICH EINEN UNTERSCHIED ZWISCHEN *HYGGE* DAMALS UND *HYGGE* HEUTE?** Auch in meiner Kindheit haben wir sehr viel *gehyggt*. Die Mechanismen, die man verwendet, um *Hygge* entstehen zu lassen, sind dieselben geblieben. Das ist heute wie damals das Gleiche.

**WAS BEDEUTET *HYGGE* FÜR DICH?** Leuchtende Kerzen, Süßigkeiten auf dem Tisch, ein Glas Wein in der Hand, Musik im Hintergrund oder fernsehen, ein Kissen im Rücken, eine Decke um den Bauch, den Nachbar zu Besuch, unerwartete Gäste, leckerer Kaffee und Kuchen und und und.

***HYGGST* DU BEWUSST ODER UNBEWUSST?** Sowohl als auch – *Hygge* entsteht, wenn die Möglichkeit dazu vorhanden ist. Spontan oder geplant. Beides ist *hyggelig*.

**WIE WICHTIG SIND TRADITIONEN FÜR DIE *HYGGE*?** Im Norden leben wir mit dem grauen Wetter, kurzen Tagen und langen, dunklen Winternächten. Der Winter dauert oft drei Monate und das macht vielen Menschen mental zu schaffen. In der dunklen, tristen Zeit ist es ganz natürlich, dass der Bedarf nach „Rettung" da ist. Es mag sein, dass sogar im Winter der Begriff der *Hygge* entstand und damit die Tradition, es sich *hyggelig* zu machen. Besonders in der dunklen Winterzeit haben wir Dänen Traditionen, die dazu beitragen, *Hygge* zu schaffen. Der Martinstag, der Advent mit *Julefrokost* und Adventsgeschenken …

**WIE WICHTIG SIND ERINNERUNGEN FÜR DIE *HYGGE*?** Die Tatsache, dass man sich treffen kann, um gemeinsam zu *hyggen*, aber auch etwas allein genießen kann, ist wichtig für unser Wohlbefinden. *Hygge* ist etwas, das ganz plötzlich entsteht. Daher kann man *Hygge* so gesehen nicht planen. Man kann aber einige Voraussetzungen schaffen, indem man die Dinge in einem Raum oder bei einem

Treffen auf eine besondere Art und Weise arrangiert oder Zeit mit Menschen verbringt, die man mag. Es geht darum, Momente zu schaffen, an die man sich noch lange erinnern kann – das ist wichtig.

**WIE WICHTIG IST DANKBARKEIT FÜR DIE *HYGGE*?** Dankbarkeit ist vielleicht ein zu großes Wort. Ich freue mich nur, ein Teil der Kultur zu sein, die es versteht, sich zu *hyggen*.

**WIE WICHTIG IST ES, IM HIER UND JETZT ZU LEBEN?** Um *Hygge* erschaffen zu können, muss man mit beiden Beinen auf dem Boden verankert und in der Gegenwart präsent sein.

**WAS IST NOCH WICHTIG?** *Hygge* impliziert etwas Schönes, Entspanntes, Sicheres und Wiedererkennbares – man ist ausgeglichen. *Hygge* ist die Kunst, ein Gefühl der Freundschaft, Barmherzigkeit und Zufriedenheit zu erschaffen. Das ist wichtig.

**MACHT *HYGGE* WIRKLICH GLÜCKLICHER?** Bestimmt. Wer ist glücklich bei *Uhygge*, bei Druck und künstlicher Stimmung? Niemand!

**GLAUBST DU, DASS DIE DÄNEN GLÜCKLICHER ALS DIE DEUTSCHEN SIND?** Wir sind nicht so formell und korrekt wie die Deutschen. Und so gehen wir mit allen Menschen um. Wir nehmen die Dinge wie sie kommen und denken: „Das wird schon!"

**WELCHE *HYGGELIGEN* ERINNERUNGEN VERBINDEST DU MIT DEINER KINDHEIT?** Als die Familie sich im Kleingartenhaus bei meiner Tante und meinem Onkel getroffen hat. Oder als mein Vater das Sonntagsessen mit 21 Gerichten zubereitet hat. Die ganze Küche sah aus wie ein Schlachtfeld, als er fertig war, und meine Mutter hatte viel Arbeit, alles wieder sauberzumachen. Aber ich fand es *hyggelig*, da es mein Vater war, der das Essen gekocht hat.

**WIE HAST DU FÜR *HYGGE* IN DER ERSTEN EIGENEN WOHNUNG GESORGT?** Wir hatten damals nicht so viele Sachen. Aber *Hygge* entstand damals einfach durch Freunde, Schallplatten auf dem Plattenspieler, Kerzen und heißen Tee in der Kanne.

**WAS IST DIR HEUTZUTAGE WICHTIG, DAMIT ES IN DEINEM ZUHAUSE *HYGGELIG* IST?** Wir wohnen in einer sehr hübschen, herrschaftlichen Wohnung nahe der Glyptothek mitten in Kopenhagen. Die Räume und das Licht sind wunderbar. Es ist sehr *hyggelig*. Unsere Möbel, die Bilder an den Wänden und die Kissen auf dem Sofa schaffen diese Stimmung. Ich habe mein eigenes Zimmer mit einem Schreibtisch und Kunst an den Wänden. Auch das ist *hyggelig*. Unsere Küche ist mit praktischen Utensilien und hübschen Dingen ausgestattet – das *hyggt*. Außerdem ziehe ich immer sofort warme Hausschuhe an, wenn ich nach Hause komme. Dann koche ich eine schöne Tasse Kaffee. Frieden und Ruhe und ein gutes Gespräch mit meiner Frau finde ich auch *hyggelig*.

**WAS MACHST DU, UM ES IM ALLTAG *HYGGELIG* ZU HABEN?** Ich kaufe ein und mache das Essen. Ich sorge dafür, dass immer ein großer, hübscher Blumenstrauß auf dem Tisch steht. Wir helfen uns gegenseitig, damit der Alltag funktioniert – das ist schön und sorgt für eine *hyggelige* Stimmung.

**WENN DU VERREIST, WAS NIMMST DU MIT, DAMIT ES DORT *HYGGELIG* IST?** Gute Schuhe, einen leichten Koffer und natürlich eine Auswahl hübscher Hüte. So *hygge* ich mich und habe meine Ruhe.

**WENN DU ETWAS PRODUZIERST ODER DESIGNST, ACHTEST DU DARAUF, DASS ES *HYGGELIG* IST?** Ich bin im Ruhestand. Aber wenn ich Blumen für meine Frau kaufe, dann gestalte ich den Strauß zusammen mit dem Blumenhändler. Wenn ich den Tisch decke oder wenn ich Essen koche und serviere, dann wähle ich schöne Töpfe und Teller aus und richte das Essen ansprechend an. Ich liebe es, Suppen zu kochen, und mache mir viele Gedanken über die passenden Toppings und die Garnierung … Meine Frau ist immer noch sehr beschäftigt mit ihrer Firma, daher „designe" ich die Dinge im Alltag, die *Hygge* erschaffen.

Als Kind in Dänemark gewöhnt man sich schnell und gerne an die *Fredagshygge*, die *Hygge* am Freitag. Ausländische Kinder hören oft davon und sorgen dafür, dass diese dänische Tradition auch bei ihnen eingeführt wird. Denn am Freitag gibt es Süßigkeiten (*Fredagsslik*), die man sich in Supermärkten aus der Selbstbedienungstheke aussuchen und in Beutel füllen kann. Eigentlich war der Freitag als einziger Tag gedacht, an dem es Süßigkeiten gibt, doch das ist schwer durchsetzbar. Die Dänen lieben Süßes und das nicht nur am Freitag. In Schweden, warum auch immer, ist Samstag der Süßigkeitentag.

Jede dänische Familie hat ihre eigenen Traditionen, wie der Start ins Wochenende am besten gelingen kann. In vielen Familien verbringt man den Freitag-

# FREDAGSHYGGE

abend gemeinsam vor dem Fernseher. Die dänischen Fernsehsender bieten dafür ein besonderes Programm an. Es wird gemeinsam gegessen und gespielt und dazu gibt es Süßigkeiten. Welches Kinderherz schlägt da nicht höher? Und als Erwachsener kommen Kindheitserinnerungen hoch, sodass einem beim Anblick der Lieblingssüßigkeiten von früher auch wieder das Wasser im Mund zusammenläuft. Doch Traditionen können sich wandeln. Es spricht ja nichts dagegen, statt süßer Zuckerware lieber ein gutes Stück Schokolade, leckeres Lakritz oder hochwertige Pralinen zu genießen. Ich glaube allerdings, dass so manche figurbewusste Skandinavierin statt Süßigkeiten lieber auf einen frischen Blumenstrauß setzt, denn in Dänemark spricht man nicht umsonst von den *Fredagsblomster*, den Freitagsblumen. Diese stimmen nicht zuletzt auch durch ihren Duft wunderbar auf das kommende Wochenende ein.

Wer jetzt auf den Geschmack gekommen ist und selbst etwas *Fredagshygge* genießen will, der braucht ein paar Süßigkeiten nach Wunsch. Das können Marshmallows sein oder auch schokolierte Obststücke, die je nach Geschmack mit bunten Streuseln oder Nüssen verziert werden. Zum Glück gibt es auch ein paar gute dänische Süßigkeiten in Deutschland. Ich schwärme für das besonders leckere Lakritz von Johan Bülow, die köstliche Schokolade, die feinen Pralinen und die himmlischen Schokoküsse von Summerbird oder Konnerup, die es in gut sortierten Super- oder Feinkostmärkten oder online zu kaufen gibt. Ich liebe es noch heute, nach dem Abendessen etwas Lakritz oder ein Stück Schokolade zu genießen. Bei uns heißt es abends oft: Zeit für die *Slikhygge*! Wichtig ist nur, dass wir bewusst genießen und Traditionen haben, die zu uns passen und uns ein gutes und *hyggeliges* Gefühl geben.

POWDER

*Mad* bedeutet Essen und *Hyggemad* demnach so viel wie Soulfood. Unter *Hyggemad* stellt sich sicher jeder etwas anderes vor, doch ich denke, dass bestimmte Dinge für fast alle dazuzählen: ein gemeinsames Frühstück im Bett, Waffeln, Pfannkuchen, Pizza oder Pasta, Raclette oder Fondue, Suppen oder Eintöpfe, frische Brötchen oder Brot, süße Kuchen und Torten und natürlich Desserts in allen Variationen. Ich bin der Meinung, dass jedes Essen ein *Hyggemad* sein kann. Oft geht es darum, aus etwas Einfachem etwas ganz Besonderes zu machen. Erinnerst du dich noch daran, wie lecker der Milchreis mit Zimt und Zucker von deiner Oma schmeckte oder die Pfannkuchen mit Apfelmus? Es gibt bestimmte Gerichte, die einfach nach Geborgenheit, Entspannung,

# HYGGEMAD

Trost oder Zuwendung schmecken und dieses wohlige Gefühl in uns auslösen. Und genau das ist für mich *Hyggemad*.

Ein schön gedeckter Tisch, Menschen, die wir mögen, und eine gemütliche Umgebung sorgen dafür, dass alles einfach besser schmeckt und *hyggelig* ist. Auch das alltägliche Essen, wie das gemeinsame Frühstück, das Abendbrot und die eigenen Essenstraditionen am Wochenende sind *Hyggemad*, oder sollten es trotz zunehmendem Zeitdruck und Hektik zumindest sein. Viele Dänen legen generell viel Wert auf gemeinsames und gutes Essen – auch wenn die vielen Hot-Dog-Stände und Burgerbuden vielleicht darüber hinwegtäuschen könnten. Es gibt auch viele sehr gute Restaurants in Dänemark, gerade in den großen Städten, und viele Menschen, die es lieben zu kochen und neue Gerichte und Zutaten auszuprobieren. Die Supermärkte sind voll mit Produkten aus der ganzen Welt, aber auch mit regionalen und saisonalen Erzeugnissen, die immer mehr im Mittelpunkt der dänischen Küche stehen.

Wenn man sich in Dänemark trifft, gibt es meist etwas zu essen, und es ist den Dänen generell wichtig, sich genügend Zeit für das Essen zu nehmen. An Feiertagen ist es ganz normal, (viel zu) viel Aufwand zu betreiben, um mit Familien oder Freunden genussvolle Stunden zu verbringen. Wie schön ist es aber, mit wenig Aufwand auch die alltägliche Mahlzeit in ein *Hyggemad* zu verwandeln? Am besten geht das mit einfachen Mitteln und Gerichten. Wer bereits entspannt an die Vorbereitung geht, ist umso entspannter am Tisch und kann sich besser auf das Essen und die Gespräche einlassen. Manchmal habe ich Lust, aufwendig zu kochen und zu backen, doch ich liebe es genauso, alles einfach klein zu schneiden und die Zutaten einzeln zu reichen, damit sich jeder sein Essen nach Belieben selbst zusammenstellen kann. Und für den Notfall: Suppe oder Eintopf gehen immer.

# Kartoffelsuppe

Kartoffelsuppe

Das Rezept für die Kartoffelsuppe koche ich immer dann, wenn es schnell gehen soll, etwa für ein Partybüfett oder auch auf Vorrat. Das Beste an der Suppe ist der Bacon, der ihr ein intensives Aroma verleiht.

Ergibt 4 Portionen

Für die Suppe
1 Zwiebel
750 g Kartoffeln
4 EL Bratöl
200 g Bacon in Streifen
1 Packung TK-Suppengrün
1,5 l Gemüsebrühe
300 g süße Sahne

Zum Garnieren
frischer Majoran
Cashewkerne

1 Die Zwiebel und die Kartoffeln schälen und grob würfeln. Etwas Öl im Topf erhitzen und darin den Bacon bei mittlerer Temperatur braten. Die Zwiebel dazugeben und anschwitzen.

2 Dann die Kartoffeln, das Suppengrün und die Gemüsebrühe dazugeben und aufkochen lassen. Die Hitze reduzieren und die Suppe ca. 25 Minuten garen lassen, bis die Kartoffeln weich sind.

3 Den Topf vom Herd nehmen, die Sahne hinzufügen und alles gut pürieren. Die fertige Suppe mit ein paar Majoranblättern und Cashewkernen garniert servieren.

FRAGEN RUND UM HYGGE

**STEPHANIE VALLENTIN-HANSEN UND CHRISTINA LABOHN BLEEG**
GreenGate

*Die dänische Firma GreenGate ist für viele ein Inbegriff der dänischen Hygge. Wer den romantischen, weiblichen oder nostalgischen Stil mag, findet hier alles, um es sich im Alltag hyggelig zu machen – Geschirr, Kerzenständer, Windlichter, Kissen und Decken. Die Philosophie der Firma „moments worth sharing" wird nicht nur durch die zahlreichen Produkte widergespiegelt, sondern auch durch die einzigartigen Geschäftsräume in einer weißen Villa am Meer und die herzlichen Menschen wie Stephanie und Christina, die dort arbeiten.*

**WAS IST *HYGGE* – WIE WÜRDET IHR EINEM DEUTSCHEN *HYGGE* ERKLÄREN?** *Hygge* ist das Gefühl, in der Gegenwart zufrieden zu sein. Sie entsteht, wenn wir mit anderen Menschen zusammen sind. Das kann beim Abendessen mit Freunden sein, am Frühstückstisch mit der Familie oder in tausend anderen Alltagssituationen – es kann immer *hyggelig* werden.

**GIBT ES FÜR EUCH EINEN UNTERSCHIED ZWISCHEN *HYGGE* DAMALS UND *HYGGE* HEUTE?** Nein, ich bemerke keinen Unterschied. Uns zu *hyggen* ist so tief in uns verankert, dass es einfach passiert.

**WAS BEDEUTET *HYGGE* FÜR EUCH?** Stephanie: *Hygge* bedeutet sehr viel für uns Dänen. Es geht einfach nicht ohne, ganz besonders nicht in den Wintermonaten. Und egal wer wir sind und welchen sozialen Status wir haben, wissen wir genau, wie wir uns *hyggen* können.
Christina: Und im Sommer, wenn die Abende lang und hell sind, sitzen wir so lange wie möglich im Freien und unterhalten uns, essen oder spielen.

***HYGGT* IHR BEWUSST ODER UNBEWUSST?** Beides. Manchmal kann man auch bewusst Verabredungen zum gemeinsamen *Hyggen* treffen.

**WIE WICHTIG SIND TRADITIONEN FÜR DIE *HYGGE?*** Wir haben viele wichtige *hyggelige* Familientraditionen, zum Beispiel an Weihnachten oder zu Ostern. An Geburtstagen werden selbst gemachte Brötchen und eine Geburtstagstorte (mit Kerzen) serviert. An Wochenenden laden sich die Familien oft zu Kaffee und Kuchen ein.

**WIE WICHTIG SIND ERINNERUNGEN FÜR DIE *HYGGE?*** Erinnerungen sind wichtig: Man erinnert sich an die Kindheit und hält diese Erinnerungen im Erwachsenenalter als *hyggelige* Traditionen lebendig.

**WIE WICHTIG IST DANKBARKEIT FÜR DIE *HYGGE?*** Das ist schwer zu sagen. Aber es ist leichter, sich zu *hyggen,* wenn man dankbar für alles ist. Wenn man dagegen einen geschäftigen Alltag hat und gestresst ist oder sich in einer unbefriedigenden Situation befindet, ist es schwer, zur Ruhe zu kommen und zu *hyggen.* Wir sind zumindest sehr dankbar für unseren *Hygge*-Begriff.

**WIE WICHTIG IST ES, IM HIER UND JETZT ZU LEBEN?** Manchmal ist es wichtig, eine Verabredung wahrzunehmen, selbst wenn man müde ist. Meist ist es dann so *hyggelig,* dass man danach wieder mehr Energie hat. *Hygge* entsteht aber auch dann, wenn man sich erlaubt, das Treffen abzusagen, um zu Hause zu *hyggen*. *Hygge* kann aber auch bedeuten, an die „gute alte Zeit" zurückzudenken. Es ist also eine gute Mischung daraus, den Augenblick zu genießen und in Erinnerungen zu schwelgen.

**WAS IST NOCH WICHTIG?** Stephanie: Es gibt Energie und Lebensfreude, wenn man *hyggt* – es ist ein essenzieller Bestandteil meines Lebens.
Christina: Am Arbeitsplatz ist es wichtig, innezuhalten und einen *Hyggesnak* mit den Kollegen zu teilen – das gibt Motivation, um weiterzuarbeiten. Wenn es draußen kalt und dunkel ist, zünden wir Kerzen an, damit die Stimmung weniger trist ist.

**MACHT *HYGGE* WIRKLICH GLÜCKLICHER?** *Hygge* macht uns im Alltag glücklicher.

**GLAUBT IHR, DASS DIE DÄNEN GLÜCKLICHER ALS DIE DEUTSCHEN SIND?** Wir glauben nicht, dass wir glücklicher sind. Aber wir sind vielleicht *hyggeliger*.

**WELCHE *HYGGELIGEN* ERINNERUNGEN VERBINDET IHR MIT EURER KINDHEIT?** Stephanie: Meine Mutter hat immer ein *Hygge*-Tablett für meinen Bruder und mich gemacht, wenn wir Freunde zu Besuch hatten. Darauf waren selbst gemachte Brötchen, Obst und eine Kanne Tee oder Kakao.
Christina: Ich erinnere mich an die Ferien bei meinen Großeltern, wo wir oft Brettspiele spielten. Außerdem erinnere ich mich an Sommertage und -abende am Strand und in unserem Garten und an Regenwettertage, an denen wir mit einem Buch eingekuschelt unter der Decke lagen.

**WIE HABT IHR FÜR *HYGGE* IN DER ERSTEN EIGENEN WOHNUNG GESORGT?** Stephanie: Ich habe ein paar Dinge aus meinem Kinderzimmer mitgenommen, welche mir ein Gefühl von Sicherheit und *Hygge* gegeben haben.
Christina: Ich hatte dort Bilder von Freunden und der Familie, Pflanzen, große Kissen, Kerzen und Dinge aus meiner Kindheit. Es müssen keine Designmöbel sein, uns ist eine persönliche Note wichtiger. Und Platz für Schnickschnack ist ebenfalls wichtig.

**WAS IST EUCH HEUTZUTAGE WICHTIG, DAMIT ES IN EUREM ZUHAUSE *HYGGELIG* IST?** Stephanie: Für uns ist wichtig, dass sich unsere Gäste willkommen fühlen. Wir haben ein großes Sofa mit Kissen und Decken. Außerdem eine große Terrasse, denn wir lieben es, abends draußen zu sitzen. Wir trinken ein Glas Wein und spielen Karten.
Christina: Wir haben nicht viel Platz und arbeiten daran, nicht so viele Sachen zu besitzen. Aber Pflanzen, Kissen, Quilts und alte Möbel geben unserer Wohnung ihren ganz eigenen Charme. Im Badezimmer hängt ein altes Plakat mit der *Aufschrift „Sæt krydderi på tilværelsen"*, was so viel bedeutet wie den Alltag zu würzen und aus etwas Normalem etwas Besonderes zu machen. Es erinnert uns daran, das Leben zu genießen.

**WAS MACHT IHR, UM ES IM ALLTAG *HYGGELIG* ZU HABEN?** Stephanie: Zusammen kochen, Kerzen anzünden und etwas Lounge-Musik auflegen.
Christina: Ab und zu nehme ich mir frei und erinnere mich dann daran, ganz im Augenblick zu sein und mir keine Sorgen um andere Dinge zu machen. Außerdem schaue ich Serien, lese und trinke dabei Tee und esse Schokolade. Ich sorge dafür, dass das Licht gemütlich ist, und kuschle mich ein.

**WENN IHR VERREIST, WAS NEHMT IHR MIT, DAMIT ES DORT *HYGGELIG* IST?** Ein gutes Buch und Zeitschriften, Tee und ein Kartenspiel.

**WENN IHR ETWAS PRODUZIERT ODER DESIGNT, ACHTET IHR DARAUF, DASS ES *HYGGELIG* IST?** Ja, immer. Schließlich ist GreenGate der Inbegriff von *Hygge*. Unsere Produkte basieren auf dem Konzept, sich mit einer guten Tasse Kaffee zu *hyggen*. Die gesamte Produktpalette lädt zu *Hygge*-Momenten ein, die man mit seinen Lieben teilen kann.

# Herbst Hygge

*Wenn die Sonne die Tage in ein tiefes Gold taucht und sich die Blätter bunt färben, ist der Herbst gekommen. Auch sonst ist alles im Wandel: Hagebutten wachsen am Wegesrand und aus den Getreidefeldern werden braune Stoppelfelder. Der Herbst ist eine wunderbare Jahreszeit, um sich drinnen und draußen zu hyggen, und sich auf die kalte und dunkle Jahreszeit einzustimmen.*

*Es zieht uns ins Freie zum Pilzesammeln, auf ein letztes Picknick, auf einen Waldspaziergang oder zur Apfelernte. Die Natur ist jetzt aufgrund der vielen Farben und tobenden Windböen besonders beeindruckend. Oder man genießt zu Hause, eingekuschelt in eine Decke, heißen Tee mit Pflaumenkuchen und beobachtet das wilde Treiben gemütlich von drinnen. Vielleicht lädt man auch liebe Freunde zu einem üppigen Herbstmahl ein. Ich bereite mich außerdem auf die kalte Jahreszeit vor und besorge hyggelige Dinge wie Bücher, Kerzen oder stricke eine neue Decke, während ich voller Vorfreude der Adventszeit entgegenblicke. Tanken wir nun noch mal auf, bevor alle Blätter von den Bäumen gefallen und die Vögel in den Süden gezogen sind.*

# TIPPS FÜR HYGGELIGE MOMENTE

- im Wald auf Pilzjagd gehen
- die klare Herbstluft genießen
- Pflaumentorte und Heidelbeertartes backen
- Fliederbeeren sammeln und zu Saft oder Gelee einkochen
- Heidekraut in allen Farben für drinnen und draußen besorgen
- Flohmärkte oder Herbstmärkte besuchen
- einen Korb Äpfel pflücken und verarbeiten
- Decken und Kissen zum Einkuscheln bereitlegen

* die herrlichen Farben des goldenen Herbstes genießen
* Kürbisse aushöhlen und schnitzen
* wärmende Suppen und Eintöpfe kochen
* ein gutes Buch lesen
* den Garten herbstfest machen
* Kerzen besorgen und anzünden
* mit der Familie basteln, puzzeln oder Karten spielen

* zu einem Raclette-Abend einladen
* heißen Kakao trinken und dabei schöne Musik hören
* Lichterketten am und im Haus anbringen
* die Regentropfen am Fenster beobachten
* einen Film im Kino ansehen
* Adventskalender basteln und befüllen
* gemeinsam Weihnachtsdeko basteln

Fast schon logisch: Die Dänen haben auch einen eigenen *Hygge*-Begriff für die Kleidung, die für sie *hyggelig* ist. Die *Hyggesokker* sind zum Beispiel warme, kuschelige Wollsocken, die man bei kalten Füßen auf dem Sofa oder im Bett anzieht, um es schön *hyggelig* zu haben. So ein Paar Socken sind aber auch draußen praktisch, wenn es kalt ist. Ich laufe im Sommer fast immer barfuß herum, doch sobald es kälter wird, hole ich die dicken Socken hervor, die manchmal sogar selbst gestrickt sind.

Auch ganz generell ist der Kleidungsstil der Dänen ganz schön *hyggelig*. Er ist oft sehr leger und trotzdem modisch. Es sieht schick aus, wie sie sich aus verschiedenen Teilen und Stilen eigene Kreationen zusammenstellen, und gleichzeitig wirkt es oft lässig und bequem. Da passt ein altes Kleidungsstück zu einem Teil aus der neusten Modekollektion der vielen guten Modedesigner aus Dänemark. Die Mode der Dänen ist ebenso wie das Wohndesign eher minimalistisch und funktional. Man findet viele zeitlose Kleidungsstücke, die aus besten Materialien sind und daher über eine lange Zeit getragen werden können. Man sieht viel Schwarz oder natürliche Farben und nur selten kommt einem „ein bunter Vogel" in Neonrosa oder leuchtendem Gelb entgegen. Diese Farben werden eher sparsam als Akzente eingesetzt. Tücher und Schals sind dagegen sehr beliebt, als modisches Accessoire oder als Dekoelement, als Wind- oder Regenschutz – man weiß ja nie, wie das Wetter sich entwickelt. So tragen die Dänen den sogenannten „Zwiebellook", bei dem man nach Bedarf ein Teil an- oder ausziehen kann, damit man weder schwitzen noch frieren muss und es immer *hyggelig* hat.

HYGGESOKKER

Ich finde, man erkennt auch keinen so großen Unterschied zwischen Business- und Freizeitkleidung. Es ist völlig in Ordnung, im Büro auf einen Schlips zu verzichten, und ich habe viele Businesstreffen erlebt, bei denen es keine Pumps, sondern Kuschelpullover zu sehen gab. Nur wenn die Dänen feiern, dann werfen sie sich richtig in Schale! In ihrer Freizeit kleiden sie sich in Jeans, T-Shirt und Strickjacke oder Pullover. Das inspiriert mich und weckt meine Stricklust. Dann mache ich es mir auf dem Sofa bequem, eingekuschelt in eine meiner Decken, zünde Kerzen an, trinke heißen Tee, lege die Süßigkeiten bereit und stricke Decken, Pullover, Strickjacken oder eben Wollsocken. So mache ich mir meine *Hygge*-Kleidung selbst und *hygge* mich gleichzeitig dabei, denn ich genieße diese meditativen und entspannten Momente sehr.

# Damensocken mit Zopfmuster

Material:
SISU-Garn von Sandnes
(Lauflänge 175 m/50 g)
in Farbe 1012, 100 g
Nadelspiel 3,5 mm

Zopfmuster:
Über 46 Maschen in Runden nach der Strickschrift stricken. Es sind nur die ungeraden Runden gezeichnet, in den geraden Runden alle Maschen stricken, wie sie erscheinen. Die 1.–20. Runde fortlaufend wiederholen.
Zopfmuster = 46 Maschen

Glatt rechts:
In Hinreihen rechte Maschen, in Rückreihen linke Maschen stricken.

Für das Bündchen 72 Maschen anschlagen, zur Runde schließen und 25 Runden (ca. 7 cm) 2 Maschen rechts, 2 Maschen links stricken. Eine Runde rechte Maschen arbeiten und dabei 5 Maschen gleichmäßig verteilt zunehmen = 77 Maschen.

Ab der nächsten Runde die Maschen wie folgt einteilen: Beginnen mit 13 Maschen im großen Perlmuster (im Wechsel 1 Masche rechts, 1 Masche links, nach jeder zweiten Runde wechseln = 1 Masche links, 1 Masche rechts), 2 Maschen links, 46 Maschen nach der Strickschrift stricken, danach 2 Maschen links, 14 Maschen im großen Perlmuster. Nun in jeder 4. Runde am Anfang der 1. und am Ende der 4. Nadel jeweils 1 Masche abnehmen, bis noch 62 Maschen übrig sind (in der letzten Runde nur noch 1 Masche abnehmen). Weiterstricken, bis der Schaft 22 cm Länge erreicht hat.

Nun die Ferse über die 30 Maschen der 1. und 4. Nadel in Reihen stricken. Dafür zuerst 24 Reihen glatt rechts für die Fersenwand arbeiten. Dann die Maschen stricken, bis nur noch 8 Maschen auf der linken Nadel sind. Wenden und zurückstricken, bis noch 9 Maschen übrig sind. Die 1. Masche abheben, die nächste Masche stricken und die abgehobene Masche über diese Masche ziehen. Wenden und links stricken, bis noch 9 Maschen vorhanden sind. Die 9. und die 8. Masche links zusammenstricken. Es entstehen nun zwei kleine Lücken, die einen Mittelteil von den Seitenteilen trennen. Nun jeweils immer in den Hinreihen die Masche vor der Lücke mit der

Masche nach der Lücke rechts überzogen zusammenstricken (abheben, stricken, überziehen), in den Rückreihen links zusammenstricken. So weiterarbeiten, bis noch 14 Maschen vorhanden sind.

Nun aus den Seiten der Fersenwand jeweils 14 Maschen aufnehmen. Auf der 1. Nadel befinden sich nun 21 Maschen (rechte Maschen), auf der 2. und 3. Nadel jeweils 16 Maschen (Zopfmuster) und auf der 4. Nadel 21 Maschen (rechte Maschen).

In Runden weiterarbeiten. Dabei die Maschen der 1. und 4. Nadel rechts, die Maschen der 2. und 3. Nadel weiter im Zopfmuster stricken. Dabei in jeder 2. Runde am Ende der 1. Nadel bis 3 Maschen vor Ende stricken, 2 Maschen rechts zusammenstricken und 1 Masche rechts stricken. Am Beginn der 4. Nadel 1 Masche rechts, 2 Maschen rechts überzogen zusammenstricken und die restlichen Maschen rechts stricken. So weiterarbeiten, bis auf den Sohlennadeln noch jeweils 15 Maschen vorhanden sind.

Weiter in Runden stricken, bis der Fuß lang genug ist. Dann die Spitze glatt rechts stricken, dafür am Ende der 1. und 3. Nadel bis 3 Maschen vor Ende stricken, 2 Maschen rechts zusammenstricken und 1 Masche rechts stricken. Am Beginn der 2. und 4. Nadel 1 Masche rechts stricken, 2 Maschen rechts zusammenstricken. Solange wiederholen, bis auf jeder Nadel 2 Maschen verbleiben (in der letzten Runde nur noch auf der 2. und 3. Nadel abnehmen). Die restlichen 8 Maschen mit dem Faden zusammenziehen und auf der Innenseite vernähen. Die zweite Socke genauso stricken.

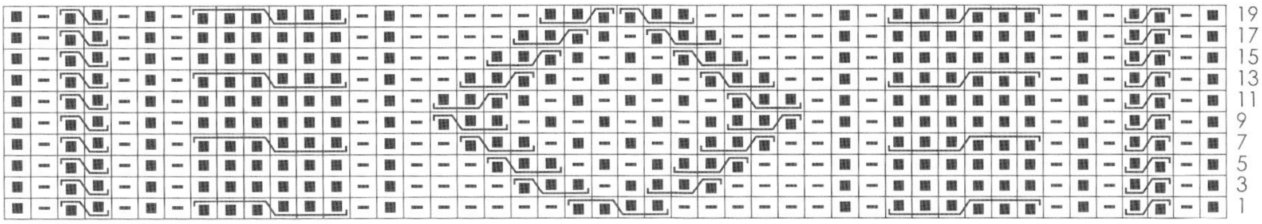


■ = 1 Masche rechts

– = 1 Masche links

= 1 Masche auf einer Hilfsnadel vor die Arbeit legen, 1 Masche rechts stricken, dann die Masche der Hilfsnadel rechts stricken.

= 3 Maschen auf einer Hilfsnadel vor die Arbeit legen, 3 Maschen rechts stricken, dann die Maschen der Hilfsnadel rechts stricken.

= 1 Masche auf einer Hilfsnadel hinter die Arbeit legen, 2 Maschen rechts stricken, dann die Masche der Hilfsnadel rechts stricken.

= 2 Maschen auf einer Hilfsnadel vor die Arbeit legen, 1 Masche rechts stricken, dann die Maschen der Hilfsnadel rechts stricken.

= 3 Maschen auf einer Hilfsnadel hinter die Arbeit legen, 3 Maschen rechts stricken, dann die Maschen der Hilfsnadel rechts stricken.

= 1 Masche auf einer Hilfsnadel hinter die Arbeit legen, 1 Masche rechts stricken, dann die Masche der Hilfsnadel rechts stricken.

*Efterår* ist der Herbst und genau wie zu jeder anderen Jahreszeit kann auch in diesen Monaten *gehyggt* werden. Mal ist es draußen noch warm und trocken, mal sehr kalt, nass und dunkel. Jetzt ist die Zeit, um sich mit der Familie oder Freunden zum letzten Grillabend oder zum Klönen vor dem lodernden Kaminfeuer zu treffen. Man besucht Herbst- und Flohmärkte, verabredet sich zum Essen oder für einen Kinobesuch und tauscht sich darüber aus, wie der Sommerurlaub gewesen ist.

Auch die Natur hat noch viel zu bieten und kann ins Haus geholt werden. Es wird geerntet, eingekocht und gebacken, es wird gesammelt und gebastelt.

# EFTERÅRSHYGGE

Wer Kinder hat, kommt sicher nicht drum herum, alles Mögliche aus Kastanien zu basteln. Lustige Tierfi guren schmücken dann die Fensterbänke. Blätter werden getrocknet, gepresst und auf Papier geklebt oder sogar in einem Herbarium gesammelt (das war einmal die Schulaufgabe für meinen Sohn – ich habe eine sehr gute Note dafür bekommen). Auch wenn ich keine Kastanien mehr sehen kann, bastle ich immer noch sehr gerne. Und ich liebe es, an einem regnerischen Sonntag Kränze aus Heidekraut oder Getreide zu binden, die ich an der Haustür befestige oder um eine Glasvase wickle. Ich dekoriere unser Zuhause herbstlich, sodass die *Efterårshygge* Einzug halten kann.

Wer keine Kinder hat, *hyggt* im Herbst vielleicht, indem er verreist. Im September kann es in Dänemark sehr schön sein, auch wenn man nicht mehr baden mag. Die Ferienhäuser sind viel günstiger als in der Hochsaison und man findet noch schöne freie Häuser an Nord- oder Ostsee. Bei der Anreise besorgt man sich gleich Kaminholz für den Ofen und Teelichter gehören sowieso ins Gepäck. Wir haben viele *hyggelige* Herbstferien im Ferienhaus verbracht. Mir gefällt, dass man dann diese Annehmlichkeiten viel mehr nutzen und genießen kann, weil es draußen eher kalt, nass oder windig ist. Wenn man zum Beispiel nach einem Spaziergang mit frischen Brötchen oder Kuchen vom Bäcker zurückkommt, den Ofen und die Kerzen anzündet und sich warm einkuschelt, dann ist das einfach eine wunderschöne *Efterårshygge*. An anderen Tagen kann man die tolle Septembersonne und die klare Luft genießen – einfach herrlich! Wie auch immer wir die *Efterårshygge* verbringen – wir alle wissen: Die dunkle Jahreszeit kommt immer näher. Wenn wir in Dänemark im Urlaub waren, habe ich jedenfalls meistens ein paar Dekoartikel aus den neuen Herbst- und Winterkollektionen entdeckt und mir schon längst überlegt, wie ich es uns im Herbst zu Hause gemütlich machen will, damit wir uns *hyggen* können.

FRAGEN RUND UM HYGGE

**HEIDI KUSCH**
Dänisches Generalkonsulat Hamburg

*Heidi lebt seit 2003 in Deutschland und arbeitet für das Dänische Generalkonsulat in Hamburg. Sie kennt also die Unterschiede zwischen Deutschland und Dänemark und die verschiedenen Eigenheiten der Dänen und der Deutschen ganz genau, und mir macht es jedes Mal richtig viel Freude, wenn wir zusammen arbeiten und gemeinsam hyggen können. Sie hat ganz sicher dafür gesorgt, dass es in Deutschland hyggeliger ist. Denn sie berät vor allem dänische Mode- und Designfirmen, die auf den deutschen Markt streben, und sorgt damit für viel mehr dänischen Charme in unseren Gefilden.*

**WAS IST *HYGGE* – WIE WÜRDEST DU EINEM DEUTSCHEN *HYGGE* ERKLÄREN?** *Hygge* ist ein Gefühl, mit dem die meisten Dänen wohl aufgewachsen sind. Es ist fest verankert in unserer Kultur, und es ist unser Erbe. Alle Dänen wissen, was *Hygge* bedeutet, doch es ist unglaublich schwer, es anderen zu erklären. Auf Deutsch benutze ich das Wort gemütlich, da es der *Hygge* am nächsten kommt. Doch ich denke, auch wenn es komisch klingt, dass *Hygge* etwas ist, was nur die Dänen wirklich haben. *Hygge* ist ein warmes, entspanntes Gefühl, das aus dem Inneren kommt. Ich verbinde *Hygge* mit Kerzenlicht, Kissen, flauschigen Teppichen, Tee und einem schönen Buch auf dem Sofa, Regenwetter (also wenn man drinnen ist und dem Regenprasseln lauscht), Lagerfeuer, Sommerabenden auf der Terrasse mit gutem Essen und Erdbeeren und noch vielem mehr.

**GIBT ES FÜR DICH EINEN UNTERSCHIED ZWISCHEN *HYGGE* DAMALS UND *HYGGE* HEUTE?** *Hygge* ist für mich zunächst Zusammensein und Nähe zur Familie. Man kann auch allein oder mit Freunden und Kollegen *hyggen*, aber die eigentliche *Hygge* hat ihren Ursprung in der Familie. Und wenn ich zurückdenke, war früher diese Nähe größer als heutzutage. Früher *hyggte* man etwa mit einem Kartenspiel, während man sich unterhielt, oder man sah einen schönen Film zusammen an. Heutzutage sind alle mit ihrem Smartphone oder ihrem Tablet in ihre eigene Welt abgetaucht. Man verbringt immer noch Zeit zusammen, aber irgendwie auch nicht. Das erlebe ich bei meiner eigenen Familie und auch bei meinen Patensöhnen.

**WAS BEDEUTET *HYGGE* FÜR DICH?** *Hygge* ist in meiner Kultur fest verankert und ein Begriff, den ich oft verwende. Es ist wichtig für mich, dass meine Wohnung *hyggelig* ist und dass ich daran denke, mich mit Familie und Freunden zu *hyggen*. Doch gleichzeitig verschwindet die *Hygge* oft etwas im geschäftigen Alltag.

***HYGGST* DU BEWUSST ODER UNBEWUSST?** Die beste *Hygge* ist unbewusst; wenn man hyggt, ohne es geplant zu haben – zum Beispiel, wenn es draußen blitzt und donnert und man drinnen eine Kerze anzündet und Tee trinkt, während man ein gutes Buch liest. Ich glaube aber, dass viele Dänen sehr bewusst *hyggen* und es vorab planen – wie am Weihnachtsabend oder zu Geburtstagen.

**WIE WICHTIG SIND TRADITIONEN FÜR DIE *HYGGE*?** Sehr wichtig, denn es gibt in Dänemark richtig viele *Hygge*-Traditionen zu Weihnachten.

**WIE WICHTIG SIND ERINNERUNGEN FÜR DIE *HYGGE*?** Auch Erinnerungen sind sehr wichtig. Ich glaube, man nimmt aus der Kindheit die besten *Hygge*-Erinnerungen mit, und versucht, diese später mit den eigenen Kindern ganz bewusst zu wiederholen.

**WIE WICHTIG IST ES, IM HIER UND JETZT ZU LEBEN?** Es ist in jedem Fall wichtig, im Hier und Jetzt zu sein, um das Gefühl der *Hygge* zu bemerken und die Welt um sich herum, die Menschen, die Natur zu sehen und bewusst wahrzunehmen.

**WAS IST NOCH WICHTIG?** Man sollte die *Hygge* im stressigen Alltag nicht vergessen, sondern sich die Zeit nehmen, um zu *hyggen*, und das ganz bewusst.

**MACHT *HYGGE* WIRKLICH GLÜCKLICHER?** Wir dürfen nicht vergessen zu entspannen, und das macht man gerade dann, wenn man sich *hyggt*. Daher würde ich sagen: Ja, zu *hyggen* macht uns glücklicher.

**GLAUBST DU, DASS DIE DÄNEN GLÜCKLICHER ALS DIE DEUTSCHEN SIND?** Ich glaube, dass Glück mehr mit der sozialen und politischen Sicherheit zu tun hat als mit *Hygge*. Ob die Dänen glücklicher als die Deutschen sind, ist also eine gute Frage. Ich glaube nicht, dass die Deutschen sich so viel daraus machen wie die Dänen. Den Deutschen ist zum Beispiel die Einrichtung ihres Zuhauses nicht so wichtig wie den Dänen. Ich bringe öfter meinen deutschen Freunden *Hygge*-Dinge für ihr Zuhause mit, doch es wird nicht auf die gleiche Art und Weise wertgeschätzt wie in Dänemark. Es spielt nicht die gleiche Rolle in ihrem Leben.

**WELCHE *HYGGELIGEN* ERINNERUNGEN VERBINDEST DU MIT DEINER KINDHEIT?** Campingurlaub mit meinem Opa. Kerzen und Kartenspiele. Lagerfeuer und Stockbrot. Weihnachten und alle Weihnachtstraditionen inklusive Weihnachtsmusik hören, Weihnachtsdeko basteln, *Æbleskiver* (Pförtchen) backen. Geburtstage mit der dänischen Geburtstagstorte feiern.

**WIE HAST DU FÜR *HYGGE* IN DER ERSTEN EIGENEN WOHNUNG GESORGT?** Zum Einrichten habe ich schon immer Steppdecken, Kissen, Kerzen und Dekogegenstände verwendet. Außerdem bedeuten mir Bücher auch sehr viel.

**WAS IST DIR HEUTZUTAGE WICHTIG, DAMIT ES IN DEINEM ZUHAUSE *HYGGELIG* IST?** Ich kann nicht im Chaos arbeiten. Chaos ist nicht *hyggelig* für mich, daher vermeide ich es. Ich habe immer Decken, Kissen, Deko und Bücher um mich herum. Aber ich benutze kein echtes Kerzenlicht mehr. Das ist etwas schade und ich vermisse es im Winter, doch ich habe mich aus gesundheitlichen Gründen dafür entschieden, LED-Kerzen zu verwenden. Außerdem dekoriere ich mein Zuhause immer zu Weihnachten und Ostern.

**WAS MACHST DU, UM ES IM ALLTAG *HYGGELIG* ZU HABEN?** Im Allgemeinen denke ich viel zu wenig an die *Hygge* im Alltag.

**WENN DU VERREIST, WAS NIMMST DU MIT, DAMIT ES DORT *HYGGELIG* IST?** Wir waren im letzten Sommer auf Samsø und hatten Steppdecken, eine Tischdecke und LED-Kerzen dabei, um es *hyggelig* zu haben.

Wenn man morgens den Wind pfeifen und den Regen gegen die Fenster prasseln hört, spätestens dann ist der absolut richtige Zeitpunkt für die *Hjemmehygge*, das heißt für die *Hygge* zu Hause. Nach einem anstrengenden Tag will man nur noch heim, um sich dort zu *hyggen*. Und wenn das Wochenende grau in grau sein wird, dann überlegt man, was man daraus machen kann.

Diese *Hjemmehygge* ist nicht auf den Herbst beschränkt. Immer wieder gibt es Tage, die man *hyggelig* zu Hause verbringen möchte. Dazu braucht es auch keinen großen Aufwand: Dann zieht man bequeme Kleidung an, kocht Kaffee, Kakao oder Tee, stellt etwas Süßes auf den Tisch, zündet Kerzen oder den Ofen

# HJEMMEHYGGE

an und spielt oder bastelt gemeinsam. Andere lesen vielleicht lieber ein gutes Buch oder verabreden sich mit mit einem Freund oder einer Freundin auf einen *hyggeligen* Abend. Es sind diese Stunden, an die man sich später erinnert und denkt: „Das war *hyggelig*! Endlich hatten wir mal wieder Zeit füreinander!“ oder „Endlich habe ich dieses tolle Buch zu Ende gelesen. Das hat mir so gutgetan.“ Viele Dänen lieben es, sich zum gemeinsamen Spielen zu verabreden. Dann wird Karten gespielt, gepuzzelt oder gekniffelt. Der Esstisch wird frei geräumt, sodass alle Platz haben, um zusammen Brettspiele spielen zu können. Und dann heißt es: An die Würfel, fertig, los! So entstehen die schönsten Rituale, die nicht nur die Kinderaugen hell leuchten lassen. Es wird gelacht, geweint und auch mal gewütet. Das sind verbindende Erlebnisse, die lange in Erinnerung bleiben.

Gerade wenn der Alltag sehr geschäftig ist, finde ich es besonders wichtig, dass man sich trotzdem Zeit nimmt, um sich zu *hyggen*. *Hjemmehygge* kann nämlich auch bedeuten, „Ich-Zeit“ zu haben – ein paar Stunden, einen Tag oder ein Wochenende sich nur auf sich selbst zu konzentrieren, eingekuschelt zu Hause, ohne Pläne und ohne Verpflichtungen. Nur getragen von dem Wunsch, sich selbst etwas Gutes zu tun. Diese *Hjemmehygge* ist mir sehr wichtig. Ich brauche regelmäßig Stunden und Tage nur für mich, um zu entspannen, meine Gedanken und Gefühle zu sortieren, um zu träumen oder mich an Schönes zu erinnern. Andere wiederum brauchen immer eine Beschäftigung und lieben den permanenten Trubel. Wichtig ist, dass jeder für sich herausfindet, was er braucht, damit es ihm gut geht. *Hyggelig* ist es immer dann, wenn es dir danach besser geht und du die *hyggeligen* Momente als solche wahrnimmst.

# Zimtschnecken

## Kanelsnurrer

Der Duft nach Zimt weckt Geborgenheit, hat etwas Wärmendes und löst bei vielen Wohlbefinden aus. Gerade unser Sohn ist ein wahrer Zimt-Fan und liebt Zimtschnecken. Wenn es irgendwie passt, würzt er sein Essen mit Zimt. Und wenn ich ihm und uns eine Freude machen will, dann backe ich Zimtschnecken nach diesem Rezept.

Ergibt 6 Stück

Für die Füllung
100 g geschmolzene Butter
100 g Zucker
3 TL Ceylon-Zimt

Für den Teig
25 g frische Hefe
250 ml kalte Milch
1 Ei
500 g Weizenmehl
75 g Zucker
1 TL Salz
75 g kalte Butter

1 verquirltes Ei zum Bestreichen

1 Für die Füllung die Butter mit dem Zucker und dem Zimt verrühren und abkühlen lassen. Für den Teig die Hefe in der Milch auflösen. Dann das Ei hinzugeben und ebenfalls gut unterquirlen. Nun alle trockenen Zutaten zugeben und mit den Knethaken des Handrührgeräts etwa 4 Minuten auf schwacher Stufe zu einem gleichmäßigen Teig mixen. Die kalte Butter in kleinen Stücken zugeben und weitere 4 Minuten unterrühren.

2 Den Teig auf die mit Mehl bestäubte Arbeitsfläche geben und zu einem etwa 30 x 15 cm großen Stück ausrollen. Die Füllung darauf verstreichen. Dann ein Drittel des Teiges zur Mitte hin falten und anschließend die gegenüberliegende Seite ebenfalls zur Mitte umklappen, etwas andrücken und den Teig wieder auf 30 x 15 cm ausrollen.

3 Die kurze Seite in sechs gleich große Streifen von je 2,5 cm Breite teilen. Ein Ende jedes Streifens vorsichtig festhalten und das andere Ende immer wieder um sich selbst drehen. Dann den verdrehten Streifen um zwei oder drei Finger einrollen und das Ende von oben in die Lücke zwischen den Fingern und der Teigrolle stecken und so behutsam fixieren. Die Zimtschnecken auf ein mit Backpapier belegtes Backblech legen und an einem warmen Ort etwa 1 Stunde gehen lassen.

4 Den Ofen auf 200 °C (Umluft) vorheizen. Die Zimtschnecken mit dem Ei bepinseln und 15–18 Minuten backen.

FRA V
TIL GERH
Hovedværker fr
LOU
22. juli -

Wenn man im Herbst die Gartenmöbel verstaut und sich damit auch eingestehen muss, dass der Sommer nun endgültig vorüber ist, dann ist das gleichzeitig eine gute Gelegenheit, um zu prüfen, ob es in der Wohnung oder im Haus auch schön *hyggelig* ist. Fühlt man sich dort wohl und ist es gemütlich? Kommen Familie und Freunde gern zu Besuch? Liegt nichts Störendes im Weg oder Überflüssiges in den Schubladen? Ich finde, wenn die dunkle Jahreszeit beginnt, ist ein guter Zeitpunkt, sich bewusst zu machen, ob man im eigenen Zuhause die *Hyggestemning* (*Hygge*-Stimmung) hat, die man sich wünscht.

Das verlangt Entscheidungen, die manchmal getroffen werden müssen und im ersten Moment *uhyggelig* sein können. Denn wenn sich über den Sommer

HYGGESTEMNING

etliche Dinge angesammelt haben und die Schubladen viel zu voll geworden sind, steht man schnell vor der Frage, was man im Kleiderschrank oder im Haus noch braucht oder was man getrost entsorgen kann. Lohnt es sich, dieses Stück aufzubewahren? Oder kann ich jemandem eine Freude damit machen, indem ich es zum Flohmarkt bringe oder spende? Wenn es stört, dann stört es dich auch dabei, es *hyggelig* zu haben. Schaffe also Platz für die *Hygge*! Platz für neue Accessoires, die dir gefallen, Platz für wärmende Socken, Kissen und Decken, damit du es dir auf dem Sofa *hyggelig* machen kannst, Platz für Pflanzen und Platz für deine Hobbys: seien es Bücher, Spielekonsole, Strickzeug oder Nähmaschine, Bastelmaterial, Spielzeug oder was auch immer. Alles, was in dir ein *hyggeliges* Gefühl auslöst, darf bleiben. Vielleicht stellst du dann auch fest, dass es Zeit für ein neues Sofa oder einen neuen Sessel ist, damit du dich besser *hyggen* kannst? Vielleicht wird dir aber auch bewusst, wie gemütlich es bei dir schon ist, auch wenn der Sofabezug Flecken oder Löcher hat. Dann braucht es vielleicht nur einen neuen Bezug? Der *hyggelige* Sitzkomfort wäre mir in diesem Fall wichtiger, vor allem dann, wenn ich mich daran erinnere, wie viele glückliche (Tobe-)Stunden die Kinder auf dem Sofa hatten und wie lecker das Essen war, das den Fleck verursacht hat.

*Hygge* liegt eben immer im Auge des Betrachters. Wenn du dir erst einmal darüber bewusst geworden bist, was für dich *hyggelig* ist, wirst du anfangen, ein Café oder ein Restaurant nach deiner „*Hygge*-Messlatte" zu bewerten. Du spürst dann schon beim Anblick, ob es hier eine *Hyggestemning* gibt, oder ob du weitergehst, und nach einer *hyggeligeren* Atmosphäre Ausschau hältst.

FRAGEN RUND UM HYGGE

**MICHAEL RING**
Direktor von Stelton und RIG-TIG

*Eines der ersten dänischen Designstücke, welches ich mir als junges Mädchen in Dänemark gekauft habe, war eine Thermoskanne. Die Thermoskanne von Stelton. Sie ist immer noch im Einsatz und ich finde, niemand muss noch weitere Thermoskannen designen, denn sie ist einfach perfekt und zeitlos. Ich finde es viel besser, dass Michael sich um neue Designikonen kümmert wie etwa die Serie Stockholm, die in Zusammenarbeit mit dem schwedischen Prinzen entstanden ist, oder die praktischen und formschönen Küchenhelfer von RIG-TIG.*

**WAS IST *HYGGE* – WIE WÜRDEST DU EINEM DEUTSCHEN *HYGGE* ERKLÄREN?** *Hygge* ist mehr als Gemütlichkeit – es ist ein Zustand, bei dem sich die Dänen darauf konzentrieren, es in schönen Umgebungen gut zu haben. Es geht um eine Art Symbiose, bei der alles in einem größeren Ganzen aufgeht.

**GIBT ES FÜR DICH EINEN UNTERSCHIED ZWISCHEN *HYGGE* DAMALS UND *HYGGE* HEUTE?** Es ist klar, dass mit der Digitalisierung die *Hygge* in der Gemeinschaft auf die Probe gestellt wird. Gleichzeitig gibt es doch immer noch das Bedürfnis, sich gemeinsam zu *hyggen*, und daher überlebt die *Hygge* auch in unserer digitalisierten Welt.

**WAS BEDEUTET *HYGGE* FÜR DICH?** *Hygge* ist, wenn die Familie oder Freunde zusammenkommen und sich austauschen – und das gelingt am besten, wenn die Umgebung zur Situation passt.

***HYGGST* DU BEWUSST ODER UNBEWUSST?** Für die Dänen geschieht es meist unbewusst. Aber wenn man im Winter zum Frühstück ein paar Kerzen anzündet, begünstigt das die *Hygge* und gibt einen guten Start in den Tag.

**WIE WICHTIG SIND TRADITIONEN FÜR DIE *HYGGE*?** Familientraditionen oder die Traditionen mit Freunden sorgen dafür, *Hygge* an die nächste Generation weiterzugeben. Aber selbstverständlich wandeln sich Traditionen auch: Sie erneuern sich und werden verbessert.

**WIE WICHTIG SIND ERINNERUNGEN FÜR DIE *HYGGE*?** Durch *hyggelige* Erinnerungen und Traditionen schaffen wir innere Bilder, die das Leben glücklich machen. Ein Beispiel: An einem Sonntag im letzten Juli war ich zum zweiten Geburtstag unseres ersten Enkelkinds eingeladen. Es regnete den ganzen Tag, aber plötzlich hellte es auf – und wir konnten das gemeinsame Essen draußen auf der Terrasse genießen. Zehn Erwachsene und sechs kleine Kinder saßen innig beisammen, beinahe wie auf einem Bild der berühmten Skagen-Maler. Und als wir das Geburtstagslied für unser Enkelkind sangen, verstand er plötzlich, dass wir nur für ihn da waren. Diese Erinnerung, dieses Bild des kleinen Jungen mit den glücklichen Augen, umgeben von lieben Menschen, das werde ich nie vergessen – diese Erinnerung war *hyggelig*.

**WIE WICHTIG IST DANKBARKEIT FÜR DIE *HYGGE*?** Das ist ganz natürlich, und wir Dänen sind sehr gut darin, uns zu bedanken.

**WIE WICHTIG IST ES, IM HIER UND JETZT ZU LEBEN?** Man lebt nur einmal, daher ist es wichtig, so viele schöne Erfahrungen wie möglich zu sammeln.

**WAS IST NOCH WICHTIG?** Eine Studie der Aalto Universität in Finnland in Zusammenarbeit mit der Harvard University zeigt, dass man länger lebt, wenn man sich mit schönen Dingen umgibt. Oder anders gesagt: Investiert man etwas mehr in sein Zuhause, dann hat man mehr Selbstwertgefühl. Eine logische Folgerung, denn *Hygge* hat etwas damit zu tun, Glück zu erschaffen.

**MACHT *HYGGE* WIRKLICH GLÜCKLICHER?** Ja!

**GLAUBST DU, DASS DIE DÄNEN GLÜCKLICHER ALS DIE DEUTSCHEN SIND?** Eurostat hat vor einigen Jahren nachgewiesen, dass die Dänen pro Einwohner fünfmal so viel in ihr Zuhause investieren wie die Deutschen. Der Verbrauch von Kerzen ist in Dänemark mehr als 20-mal höher als in Deutschland. Ob das die Dänen aber glücklicher macht? Wir sind ganz klar besser darin, es uns *hyggelig* zu machen. Es ist eine Herausforderung für Deutsche, sich *hyggelige* Augenblicke in ihren neonerleuchteten Küchen ohne viel *Hygge* zu erschaffen.

**WELCHE *HYGGELIGEN* ERINNERUNGEN VERBINDEST DU MIT DEINER KINDHEIT?** Da gibt es viele, sowohl in der Familie als auch unter Freunden. Viele von ihnen sind verbunden mit Gemeinschaft und der richtigen, *hyggeligen* Umgebung.

**WIE HAST DU FÜR *HYGGE* IN DER ERSTEN EIGENEN WOHNUNG GESORGT?** Unter anderem mit einer schwarzen Isolierkanne, die ikonische EM77 von Stelton, die ich schon bei meinem Auszug 1979 besaß und die ich auch heute noch verwende. Die ikonische EM77 in schwarz, die ich auch heute noch habe.

**WAS IST DIR HEUTZUTAGE WICHTIG, DAMIT ES IN DEINEM ZUHAUSE *HYGGELIG* IST?** Wir wohnen sehr modern und minimalistisch ohne viel Schnickschnack, den sonst viele mit *Hygge* verbinden. Er wäre für uns aber störend in unserem ganz eigenen *hyggeligen* Zuhause. Licht spielt auch eine wichtige Rolle – allerdings kein weißes, sondern vielmehr ein goldenes, warmes Licht.

**WAS MACHST DU, UM ES IM ALLTAG *HYGGELIG* ZU HABEN?** Das fängt morgens mit dem gemeinsamen Frühstück an: der Duft von Kaffee, eine Kerze auf dem Tisch, passende Hintergrundmusik, das gemeinsame Lesen der Tageszeitung, der allmorgendliche Spaziergang mit dem Hund – einfach ein *hyggeliger* Tagesstart.

**WENN DU VERREIST, WAS NIMMST DU MIT, DAMIT ES DORT *HYGGELIG* IST?** Ich versuche, keine dänische *Hygge* mit auf Reisen zu nehmen. Denn Reisen bringt Erlebnisse außerhalb der normalen Komfortzone und trägt dazu bei, andere Kulturen zu verstehen.

**WENN DU ETWAS PRODUZIERST ODER DESIGNST, ACHTEST DU DARAUF, DASS ES *HYGGELIG* IST?** Es liegt in unserer DNA, skandinavisches Design zu erschaffen. Und das ist *hyggelig*.

Um den kalten Temperaturen zu trotzen, bietet es sich an, Leute zum Essen einzuladen und einen *hyggeligen* Abend miteinander zu verbringen. Auch wenn der Begriff *Middag* eher auf das Mittagessen schließen lässt, so ist eigentlich das Abendessen damit gemeint. Ein *Hyggemiddag* ist demnach ein *hyggeliges* Abendessen.

Es gibt in Dänemark die Tradition, sich regelmäßig zum gemeinsamen Kochen und Essen zu treffen. Man gründet einen *Madklub*, einen Klub, der aus Menschen besteht, die sich mögen und die sich verabreden, um gemeinsam in der Küche zu stehen und zu kochen. Das können ein paar Freundinnen sein,

# HYGGEMIDDAG

Kollegen oder zwei Familien – das ist völlig egal. Jeder *Madklub* stellt eigene Regeln auf, wie oft man sich trifft und was bei den Treffen gekocht wird. Entweder gibt es wechselweise einen Gastgeber oder es ist immer jemand anderes für eine bestimmte Speise verantwortlich. Manchmal bilden sich Teams für Vorspeise, Hauptgericht und Nachtisch oder es gibt einen Mottoabend, an dem etwa nur italienische Gerichte gekocht werden. Man kann zusammen über den Markt schlendern und frische Zutaten besorgen. Oder derjenige, der besonders gut kochen kann, ist für die Zubereitung des Menüs verantwortlich, während ein anderer die Zutaten besorgt, der nächste den Tisch deckt und vielleicht alle zusammen den Abwasch erledigen. Manche lieben es, sich kulinarischen Herausforderungen zu stellen, und andere mögen es lieber einfach und setzen den Schwerpunkt auf das Beisammensein. Dann reicht auch ein Pizzateig, den jeder so belegen kann, wie es ihm am besten schmeckt. So eine Pizzaparty gefällt Groß und Klein. Mit unterschiedlichen Belägen entstehen die fantastischsten Pizzen – und sicher viele gemeinsame *hyggelige* Momente.

Unsere Familie trifft sich regelmäßig zum gemeinsamen Essen. Dann kommen meine Eltern und meine Schwestern mit ihren Familien aus Kopenhagen und Hamburg zu uns aufs Dorf. Vorab besprechen wir, wer was mitbringt und kocht. Mal gibt es die leckersten Kreationen von meinem Schwager aus Kopenhagen, der auch Extrawünsche bestens umsetzt. Mal gibt es auch einfach nur Hot Dogs mit Wiener und roten Würstchen – frisch importiert aus Dänemark. Ich liebe das sehr, weil es bei uns so unkompliziert ist. Wir sind ein eingespieltes Team und kennen unsere Stärken und Schwächen. Das macht es *hyggelig*. Mir ist es sowieso am liebsten, wenn ich vorher in der Küche alles vorbereitet habe und das Essen in vielen Schüsseln anrichten kann, sodass wir dann am großen Tisch gemeinsam essen können. Das ist ein *Hyggemiddag* für mich.

LIE GOURMET
SEL
L'ESTORNELL
granoro
Semola
DE CECCO

DANMARK
0123

Mit *Baggrundhygge* meinen die Dänen die *Hygge*, die aus dem Hintergrund, also aus unserer Umgebung kommt. Das können spielende Kinder sein, das Zwitschern der Vögel, das Rauschen der Blätter, lachende Menschen oder Musik, die im Hintergrund zu hören ist. Alle Geräusche, die Freude machen und die man selbst als *hyggelig* empfindet.

Musik ist ein besonders wichtiger Teil der *Baggrundhygge*. Manche Menschen mögen es, von ihrer Lieblingsmusik geweckt zu werden, andere bevorzugen die Ruhe und machen es sich erst zum Feierabend mit Musik gemütlich. Es gibt Musik für jeden Geschmack und für jede Stimmung, die entspannt, motiviert,

BAGGRUNDHYGGE

tröstet oder glücklich machen kann. Früher haben wir Musik aus dem Radio auf Kassetten aufgenommen und oft saßen wir stundenlang vor dem Radiorekorder, um den Moment nicht zu verpassen, in dem der ersehnte Hit aus den Charts lief. Ich erinnere mich noch sehr gut daran, als ich in Dänemark (wo sonst?) meine erste LP gekauft habe. Das war damals die Schallplatte *Parallel Lines* von Blondie. Die Musik gefällt mir auch heute noch genauso gut. Vor ein paar Jahren habe ich eine alte Bang & Olufsen-Anlage aufgestöbert, sodass es heute bei mir zu Hause Oldies über bestes dänisches Design zu hören gibt. Im Alltag bevorzuge ich es, meine Lieblingsmusik über Streamingdienste auf dem Handy zu hören, das ich überallhin mitnehmen kann. Es tut so gut, je nach Lust und Laune Musik zu hören, die zu der jeweiligen Situation passt. So können sich sanfte und ruhige Töne im Hintergrund positiv auf die Stimmung auswirken und für Entspannung sorgen. Beim Aufräumen oder Putzen bevorzuge ich allerdings laute, schnelle Musik – dann geht's auch gleich viel leichter von der Hand. Ich mag es auch sehr, wenn ich in einem Restaurant oder Café bin und aus dem Hintergrund Musik ertönt, die mir gefällt. Mal Lounge-Musik, mal Klassik oder Rock – das ist abhängig von der jeweiligen Location und Stimmung. Ich erinnere mich viel eher an meinen Besuch dort, wenn mir auch die Musik gefallen hat.

Manchmal muss man sich bewusst dafür öffnen, um die *Baggrundhygge* wahrzunehmen. Es kann so entspannend sein, seine Aufmerksamkeit bewusst darauf zu richten. Und wenn man als Mutter eine Pause macht und dabei den Stimmen und dem Gelächter der Kinder lauscht, dann ist das eine *Baggrundhygge*, die richtig glücklich macht. Abschalten und genießen mit schönen Klängen aus dem Hintergrund, das ist *hyggelig*.

MARK
TKARTELLET.DK

FRAGEN RUND UM HYGGE

**KENNETH MELCHOFF BAHNSEN**
CEO, Co-Founder and Head of Design von KREAFUNK

*Kenneth ist der CEO der dänischen Firma KREAFUNK, und der Name ist Programm, denn ihre Lautsprecher und Kopfhörer sind alle KREAtiv und FUNKtional. Ich habe Kenneth selbst (noch) nicht persönlich kennengelernt, aber wenn ich mir seine Antworten durchlese, dann möchte ich es sehr gern einmal tun. Für mich ist KREAFUNK wieder einmal ein sehr gelungenes Beispiel der Genialität der Dänen. Hier werden Alltagsgegenstände produziert, die so funktional und vor allem so schön sind, dass man sie überall hinstellen mag. Zeitlos, stilvoll und trotzdem total praktisch.*

**WAS IST *HYGGE* – WIE WÜRDEST DU EINEM DEUTSCHEN *HYGGE* ERKLÄREN?** *Hygge* ist für mich ein Zustand, in dem du ganz aufgehst. In ihm werden schöne Augenblicke geschaffen, an die man sich lange erinnert. *Hygge* ist ja völlig kostenlos und kann sowohl mit der Familie als auch mit Freunden oder Fremden genossen werden. Die Essenz der *Hygge* handelt davon, sich entspannt zu fühlen und gut gelaunt zu sein.

**GIBT ES FÜR DICH EINEN UNTERSCHIED ZWISCHEN *HYGGE* DAMALS UND *HYGGE* HEUTE?** Die Essenz der *Hygge* ist größtenteils gleich geblieben. Doch die Bedürfnisse der Menschen ändern sich ständig. So gibt es heutzutage sicher andere Möglichkeiten, wie man sich *hyggen* kann.

**WAS BEDEUTET *HYGGE* FÜR DICH?** *Hygge* ist superwichtig. Sie ist für mich wie ein Freiraum, in dem ich abschalten kann und in dem es Zeit für die Familie, für Spaß und Liebe gibt. Dort muss man nicht an die täglichen Pflichten und an die Arbeit denken.

***HYGGST* DU BEWUSST ODER UNBEWUSST?** Ich *hygge* sehr bewusst. Besonders, wenn ich einen anstrengenden Tag hatte – dann *hygge* ich, indem ich das Licht dämpfe, Kerzen anzünde, vielleicht eine Flasche Wein öffne und vor dem Fernseher entspanne oder mich zusammen mit der Familie unter der Decke auf dem Sofa einkuschle.

**WIE WICHTIG SIND TRADITIONEN FÜR DIE *HYGGE*?** Sehr wichtig. Besonders Weihnachten ist für mich stark mit *Hygge* verbunden. Weihnachtsstimmung ist *Hygge*-Stimmung. Das wohlige Gefühl im Bauch, das ständige Lächeln und die Stimmung, die entsteht, wenn du durch die Stadt gehst und der Schnee unter den Schuhen knirscht … das ist *Hygge*.

**WIE WICHTIG SIND ERINNERUNGEN FÜR DIE *HYGGE*?** Erinnerungen und *Hygge* hängen ganz klar zusammen!

**WIE WICHTIG IST DANKBARKEIT FÜR DIE *HYGGE*?** Darüber habe ich eigentlich noch nie nachgedacht. Aber ich bin dankbar, dass ich mich *hyggen* kann.

**WIE WICHTIG IST ES, IM HIER UND JETZT ZU LEBEN?** *Hygge* ist nur das Sein. Im Moment zu leben und das Beste daraus zu machen.

**WAS IST NOCH WICHTIG?** Dass man einfach in einer Situation versinkt und nicht so viel darüber nachdenkt.

**MACHT *HYGGE* WIRKLICH GLÜCKLICHER?** Ich glaube ganz bestimmt, dass es das tut. Es ist ein Zustand, in dem man sich befindet und ganz aufgeht. Es kann auch mit einer Art Meditation verglichen werden, bei der wir unsere Akkus wieder aufladen.

**GLAUBST DU, DASS DIE DÄNEN GLÜCKLICHER ALS DIE DEUTSCHEN SIND?** Das glaube ich nicht – wir haben nur verschiedene Bezeichnungen dafür, aber ich glaube, dass wir das alle tun.

**WELCHE *HYGGELIGEN* ERINNERUNGEN VERBINDEST DU MIT DEINER KINDHEIT?** Viele von meinen Erinnerungen drehen sich um Weihnachten und Jubiläen in der Familie. Oder um das leckere *Lørdagsslik* am Wochenende und um die Tage, an denen wir die Bettdecke mit ins Wohnzimmer genommen haben, um es uns gemütlich zu machen.

**WIE HAST DU FÜR *HYGGE* IN DER ERSTEN EIGENEN WOHNUNG GESORGT?** Wir hatten viele *hyggelige* Gegenstände in der Wohnung: mehrere kleine Lampen, ein gutes, weiches Sofa und überall Kerzen.

**WAS IST DIR HEUTZUTAGE WICHTIG, DAMIT ES IN DEINEM ZUHAUSE *HYGGELIG* IST?** In diesem Moment geht die Sonne auf, meine Söhne spielen auf dem Teppich vor mir und ich habe einen heißen Becher Kaffee in der Hand, den ich genießen kann. Ich finde, das ist *hyggelig*.

**WAS MACHST DU, UM ES IM ALLTAG *HYGGELIG* ZU HABEN?** Ich sorge dafür abzuschalten, zünde Kerzen an und entspanne mich. Oder ich treffe mich mit ein paar Freunden im Café, um einfach zusammenzusitzen und zu plaudern. Außerdem ist es *hyggelig*, wenn man völlig in sich ruht, auch wenn man unter Menschen ist.

**WENN DU VERREIST, WAS NIMMST DU MIT, DAMIT ES DORT *HYGGELIG* IST?** Meine KREAFUNK-Lautsprecher – Musik und *Hygge* sind für mich sehr nah verbunden. Sie ist für mich sehr wichtig, um eine schöne Stimmung zu schaffen.

**WENN DU ETWAS PRODUZIERST ODER DESIGNST, ACHTEST DU DARAUF, DASS ES *HYGGELIG* IST?** Nein, das mache ich nicht. Es muss sich nur richtig anfühlen.

# Winter Hygge

*Der Winter ist ja so eine Sache: Einerseits ist da die besinnliche und zauberhafte Weihnachtszeit, auf die wir uns schon so lange gefreut haben, andererseits erwarten uns im Januar und Februar zwei kalte und oft dunkle Monate, die es zu überbrücken gilt. Doch mit den richtigen Hygge-Griffen gelingt dies vielleicht etwas einfacher.*

*Im Dezember strahlen uns von überall Lichterketten entgegen und verführerische Düfte strömen aus der Küche. Das ist in Dänemark nicht anders als bei uns. Aber Achtung: Damit Hygge aufkommen kann, sollten die Weihnachtsvorbereitungen nicht in Stress ausarten. Kaum hat man das Weihnachtsfest mit Plätzchen und Geschenken hinter sich gebracht, beginnt dann schon das neue Jahr und die Welt draußen wirkt oft trübselig und grau – in Dänemark ist es noch länger dunkel als bei uns. Daher finde ich es sinnvoll, sich an die Dänen zu halten, wenn wir uns in dieser Zeit ganz bewusst mit kuscheligen Pullovern, warmem Kerzenlicht und gutem Essen hyggen. Und auch jetzt gilt die Regel: Zusammen hyggt es sich besonders gut. Also laden wir Familie und Freunde ein, damit uns allen warm ums Herz wird.*

# TIPPS FÜR HYGGELIGE MOMENTE

* Kekse backen und ein paar direkt vernaschen
* das Zuhause weihnachtlich schmücken
* genügend Pausen für hyggelige Momente einplanen
* jemandem eine kleine Vorweihnachtsfreude machen
* zusammen mit der Familie oder Freunden den schönsten Weihnachtsbaum besorgen
* Freunde an einem Adventssonntag zum Brunch einladen
* Silvester mit gutem Essen und Trinken und viel Hygge feiern

* die Weihnachtsdekoration verstauen und den Tannenbaum entsorgen
* Fernseher und Radio abschalten und sich an die Stille gewöhnen
* sich bewusst machen, was alles gut ist
* Pläne für das neue Jahr schmieden und mit den ersten Schritten beginnen
* sich darüber freuen, dass die Tage schon jetzt wieder länger werden
* ganz viele Kerzen anzünden
* dick eingemummelt spazieren gehen
* eine neue Handarbeit oder ein neues Hobby beginnen

* die ersten Schneeglöckchen pflücken
* zum Rodeln gehen und wie die Kinder im Schnee toben
* eine Faschingsparty feiern
* den Frühjahrsputz erledigen und Altes entsorgen
* sich an all den wundervollen Schätzen zu Hause erfreuen
* das Wochenende auf dem Sofa vor dem Fernseher verbringen
* eine Autobiografie von jemandem lesen, den man mag

Die *Julehygge* (Weihnachts-*Hygge*) ist im Dezember in Dänemark überall zu spüren. In den Städten herrscht eine *hyggelige* Atmosphäre und alles leuchtet festlich. Es gibt zahlreiche Traditionen und Bräuche, die einfach *hyggelig* sind. Denn auch die entspannten *Hygge*-Momente, die man mit Familie und Freunden teilt, sind absolut wichtig für die *Julehygge*. Dann heißt es: *Kom i Julestemning!* (Komm in Weihnachtsstimmung).

Wenn der erste Dezember vor der Tür steht, stehen sogar die Kinder bereitwillig früh auf. Denn auch in Dänemark gibt es einen Adventskalender, der bis zum Heiligen Abend jeden Tag mit einer Überraschung lockt. Und abends überträgt

# KOM I JULESTEMNING

das Fernsehen einen eigenen *Julekalender*, bei dem immer eine kleine Geschichte erzählt wird. Außerdem gibt es auch einen Adventskranz, an dem wie bei uns an jedem Adventssonntag eine weitere Kerze angezündet wird. Zusätzlich hat jeder eine eigene Adventskerze *(Kalenderlys)*, die mit den Zahlen von 1 bis 24 bedruckt ist. Jeden Morgen wird die Kerze angezündet und darf so lange leuchten, bis die jeweilige Zahl abgebrannt ist. Ich persönlich finde diese Tradition auch deswegen so schön, weil sie daran erinnert, innezuhalten und einige Momente vom Alltagsstress Abstand zu nehmen.

Meist habe ich mir schon im November überlegt, was ich im Dezember unternehmen möchte und welche Weihnachtsmärkte ich besuchen will. Wenn es geht, dann reise ich mit der Familie in der Vorweihnachtszeit nach Kopenhagen. Ich liebe es, mir die Schaufensterdekorationen der Geschäfte anzusehen und meine Weihnachtsdekoration durch das ein oder andere Teil zu ergänzen. Es ist so schön, im Dezember durch Kopenhagens Straßen zu bummeln und überall die festliche Dekoration zu bestaunen. Eine *hyggelige* Weihnachtszeit ist den Dänen wichtig, das ist unübersehbar. Überall hängen Kränze und Girlanden aus Tannengrün, Tausende von Lichtern erhellen die Stadt und geschmückte Tannenbäume stehen neben den Hauseingängen und auf den Plätzen. Abends bummeln wir durch den beleuchteten Tivoli, um dort den ersten *Gløgg* (Glühwein) zu genießen. Alles duftet dann so sehr nach Weihnachten, dass schöne Erinnerungen an vergangene Weihnachten hochkommen. Wir lauschen den Weihnachtsliedern und genießen die dänischen Spezialitäten, die es nur zu dieser Zeit gibt. Seit ein paar Jahren gehört auch das Weihnachtsbier (*Juleøl*) dazu. Die Brauerei *Tuborg* hatte vor Jahren die geniale Idee, dieses Bier an einem speziellen Tag im November zu lancieren. So gibt es nun den *J-Dag* (J für Jul), der jeweils am ersten Freitag im November stattfindet

JUL

und auf den sich alle Bierliebhaber in Dänemark freuen. Wenn wir aus Kopenhagen nach Hause kommen, dann dekoriere ich das Haus mit den mitgebrachten Accessoires, verstaue die Vorräte an *Gløgg* und *Juleøl* und bin dann schon perfekt auf eine *hyggelige* Adventszeit eingestimmt.

An einem Samstag im Advent verwandelt sich unsere Küche in eine Weihnachtsbäckerei. Mehl, Zucker, Butter, Eier, Gewürze und Zuckerperlen stehen bereit, um verrührt, geknetet und gebacken zu werden. Neben den Klassikern macht es mir auch immer große Freude, neue Rezepte auszuprobieren, und so duftet es den ganzen Tag verführerisch nach Zimt, Vanille und Marzipan. Danach machen wir es uns *hyggelig* und genießen die frisch gebackenen Weihnachtsleckereien. Aber auch in Dänemark wird in der Adventszeit fleißig gebacken und gebastelt. Viele Dänen stellen Weihnachtswichtel (*Nissen*) auf und dekorieren ihr ganzes Zuhause mit Lichtern, Kerzen und Weihnachtsdeko (*Julepynt*). Wer mag, flechtet die typischen Weihnachtsherzen (*Julehjerter*) aus weißem und rotem Papier und trifft sich mit anderen zum gemeinsamen Basteln. Vor vielen Jahren haben wir in einem Restaurant einen Kegel aus Orangen gesehen, die mit duftenden Nelken dekoriert waren. Diese Idee fand ich so schön, dass ich seitdem jedes Jahr ein paar Orangen mit Nelken spicke. Das duftet himmlisch und erinnert mich an den fantastischen Abend in diesem wunderbaren Restaurant.

An den Adventswochenenden gibt es bei uns klassische Weihnachtsplätzchen oder dänische *Æbleskiver* (Pförtchen) zusammen mit dem *Gløgg* aus Kopenhagen oder aromatischem Weihnachtstee. Ich finde, das macht die Adventszeit auch so magisch: Man hat lieb gewonnene Traditionen und Rituale, die einen immer wieder an die schönen Momente im Leben erinnern. Auch ist die Freude im Voraus groß, wenn man zu dieser Zeit wieder alte Freunde und Bekannte sieht, und man sich zum Brunchen oder auf einem Weihnachtsmarkt trifft. Diese Tradition ist auch in Dänemark sehr wichtig. Wer einmal im Dezember dort war, dem sind vielleicht die Empfehlungen der Restaurants zum *Julefrokost*, also zum Weihnachtsbrunch, aufgefallen. Es ist wohl die beinahe wichtigste Weihnachtstradition der Dänen. Das gemeinsame Essen an sich ist ja ein wichtiger Bestandteil der dänischen *Hygge*. Das *Julefrokost* besteht aus mehreren Gängen: Ähnlich wie beim *Påskefrokost* gibt es zuerst Fisch, dann Fleisch und zum Schluss noch ein köstliches Dessert. Traditionell findet das *Julefrokost* am ersten und zweiten Weihnachtstag zusammen mit der Familie statt, doch auch viele Firmen und Vereine laden ihre Mitarbeiter zum *Julefrokost* ein und auch privat trifft man sich in den Restaurants zum gemeinsamen Weihnachtsbrunch. Man kann sich leicht ausrechnen, wie oft ein Däne im Dezember wohl an einem *Julefrokost* teilnimmt.

# Pförtchen

## Æbleskiver

Æbleskiver oder Pförtchen werden aus einer Art Pfannkuchenteig gemacht und haben eine lange Weihnachtstradition in Dänemark. Selbst Hans Christian Andersen hat sie bereits in seinen Geschichten erwähnt. Wir läuten die Adventszeit immer mit den ersten Æbleskivern ein. Dann hole ich unsere original Æbleskivepande, eine spezielle Pfanne mit Vertiefungen, hervor und erinnere mich an den Urlaub, bei dem wir sie in Dänemark gekauft haben.

Ergibt etwa 30 Stück

250 g Weizenmehl
½ TL Natron
2 Eier
25 g heller Rohrzucker
Mark von 1 Vanilleschote
500 ml Buttermilch
25 g geschmolzene Butter plus etwas Butter zum Auspinseln
etwas Puderzucker
Erdbeerkonfitüre zum Servieren

1 Mehl und Natron in eine Schüssel sieben und sorgfältig miteinander vermengen.

2 Eier, Rohrzucker, Vanillemark, Buttermilch und geschmolzene Butter verrühren und anschließend die Mehl-Natron-Mischung unterheben.

3 Den fertigen Teig in eine Kanne füllen und eine Pförtchenpfanne erhitzen, dabei die Löcher mit etwas Butter auspinseln. Jedes Loch etwa zur Hälfte mit Teig füllen und die Pförtchen sobald wie möglich mit zwei Gabeln wenden, sodass beide Seite goldbraun werden.

4 Die Pförtchen mit Puderzucker bestäuben und zusammen mit der Erdbeerkonfitüre servieren.

Mein Tipp: Wer mag, kann in den Teig ein paar klein geschnittene Apfelstückchen geben.

Je weiter die Adventszeit voranschreitet, desto näher rückt auch die Zeit, um einen Tannenbaum zu besorgen und (endlich) alle Weihnachtsgeschenke zu verpacken. Wenn die Kinder morgens zur Schule gegangen sind, dann hole ich Geschenke, Geschenkband und Geschenkpapier hervor, um es mir mit Weihnachtsmusik und süßen Leckereien *hyggelig* zu machen, während ich alles einpacke. Dabei stelle ich mir oft vor, wie sich die Beschenkten freuen, wenn sie ihr Paket öffnen. Und ich erinnere mich zurück an meine eigene Kindheit, in der ich es kaum erwarten konnte, bis es endlich soweit war. Als Erwachsene macht es mir mittlerweile schon längst eine ebenso große Freude, jemanden zu beschenken. Im besten Fall habe ich im Laufe des Jahres zufällig

# JULEHYGGE AN WEIHNACHTEN

aufgeschnappt, was sich der zu Beschenkende wünscht, und es mir gemerkt, sodass ich ihn zu Weihnachten damit überraschen kann. Ich beschenke mich auch gerne selbst und erfülle mir so einen lang gehegten Wunsch.

Neben dem Auspacken der Geschenke ist es mir aber auch wichtig, dass wir etwas besonders Leckeres zu essen haben. Es gibt bei uns kein traditionelles Weihnachtsessen, stattdessen entscheiden wir in jedem Jahr gemeinsam neu, worauf wir Lust haben. In Dänemark gibt es dagegen bei vielen Familien am Heiligen Abend *Flæskesteg* (Schweinekamm mit Kruste), *Rødkål* (Rotkohl) und brune *Kartoffler* (karamellisierte Kartoffeln), eines der Nationalgerichte der Dänen. Die Reste des *Flæskesteg*, falls etwas übrig bleibt, kommen am nächsten Tag zum *Julefrokost* mit der Familie wieder auf den Tisch. Alles in allem ein sehr kalorienreiches Weihnachtsessen, denn der dänische Rotkohl ist süßer als der Rotkohl bei uns und die karamellisierten Kartoffeln und die fette Kruste des Schweins tun ihr Übriges dazu. Als Nachtisch wird dann *Risalamande* serviert. Das ist ein süßer Milchreis mit Mandeln und Kirschsauce, in dem eine ganze Mandel versteckt wurde. Wer diese Mandel findet, der erhält ein *Mandelgave* (Mandelgeschenk).

Und wer sich wundert, dass der Tannenbaum bei dänischen Familien oft in der Mitte des Raumes steht, dem sei verraten: Man singt und tanzt am Heiligen Abend um den Weihnachtsbaum. Ein paar Kalorien werden also gleich wieder verbrannt. Doch schon am ersten und zweiten Weihnachtstag schlemmt man ungeniert weiter. So will es eben die Weihnachts-*Hygge*.

# Milchreis mit Mandeln und Kirschsauce

## Risalamande

Wer die ganze Mandel findet, der bekommt ein Mandelgeschenk, so will es die Tradition. Als unser Sohn das damals hörte, wollte er unbedingt die Mandel finden und aß viel zu viel Milchreis. Doch es hat sich gelohnt: Er bekam als Mandelgeschenk eine Einladung zu einer Freizeitveranstaltung nach seinem Geschmack von den Herren „Knud Knudsen, Niels Nielsen und Jens Jensen". Er hat sich so gefreut und erst viel später erfahren, dass hinter der Einladung nicht die beste Milchreis-Firma aus Dänemark steckte, sondern mein Schwager und meine Schwester. Ich wünsche euch erwartungsvolle, fröhliche Gesichter und leckeren Genuss!

Ergibt 4 Portionen

250 ml Wasser
100 g Milchreis
500 ml Milch
50 g Rohrzucker
Mark von 1 Vanilleschote
200 g süße Sahne
1 ganze Mandel
50 g gehackte Mandeln plus etwas zum Garnieren
1 Glas Schattenmorellen
etwas Maisstärke zum Andicken

1 Das Wasser aufkochen, den Reis hinzufügen und beides zwei Minuten unter Rühren kochen lassen. Milch, Zucker und Vanillemark hinzufügen und erneut aufkochen lassen. Den Reis bei geringer Hitze für ca. 35 Minuten weich kochen und dabei gelegentlich umrühren. Eventuell etwas Wasser hinzufügen. Den fertigen Milchreis abkühlen lassen, am besten über Nacht.

2 Die Sahne steif schlagen und zusammen mit der ganzen Mandel und den gehackten Mandeln zum Milchreis geben.

3 Die Kirschen abgießen, den Saft auffangen, mit der Stärke andicken und mit den Kirschen vermengen.

4 Den Milchreis mit den Kirschen servieren und mit den übrigen Mandeln garnieren.

HAPPY NEW YEAR
HAPPY NEW YEAR
HAPPY NEW YEAR
HAPPY NEW YEAR
HAPPY NEW YEAR
HAPPY NEW YEAR

Nach den zumindest in Dänemark eher schweren kulinarischen Genüssen an Weihnachten wird es zwischen den Jahren wieder etwas leichter. Die ersten Familien schmücken den Weihnachtsbaum bereits wieder ab, die Kinder spielen mit den neuen Sachen, und wer nicht arbeiten muss, hat Zeit zum Entspannen. Andere nutzen die Zeit, um nach Hause zu fahren, um Familie und alte Freunde zu treffen. Das kann allerdings auch ziemlich *uhyggelig* sein, wenn man nicht aufpasst, und sich zu viel vornimmt.

Eine gemütliche Zeit kann man dagegen in einem dänischen Ferienhaus verbringen und sich ganz bewusst eine Pause vom Alltag gönnen. Diese Tradition

## SILVESTER

haben wir auch viele Jahre gelebt und sehr genossen. Als die Kinder kleiner waren, haben wir Weihnachten und Silvester so manches Mal in Dänemark gefeiert. Der Vorteil war, dass wir zwar vorher viel Stress hatten, um alles zu planen und zu besorgen, doch sobald wir angekommen waren, gab es nicht mehr viel zu tun. Außer den bestmöglichen Tannenbaum zu finden, der noch zu bekommen war. Danach gab es viel Zeit für die *Hygge*: lange schlafen, gemütlich frühstücken, an der frischen Luft spazieren gehen, lesen und mit den Kindern spielen. Das war *hyggelig*! Doch als die Kinder älter wurden, wollten sie nicht mehr so lange von ihren Freunden getrennt sein, sodass diese Tradition momentan ruht. An Silvester wollten sie natürlich auch mit ihren Freunden zusammen Raketen in die Luft schießen und Böller knallen. Aber auch in Dänemark wird das neue Jahr lautstark begrüßt.

Zu Silvester gehört es in Dänemark zur Tradition, die Neujahrsansprache von Königin Margrethe im Fernsehen zu verfolgen. Ich glaube, dass fast wirklich jeder Däne um 18.00 Uhr vor dem Fernseher sitzt, um die Rede zu hören, die live aus dem Schloss übertragen wird, wo die königliche Familie feiert. Ich finde es großartig von Königin Margrethe, dass sie jedes Mal auch die Dänen südlich der Grenze grüßt. Ich fühle mich als Dänin im Herzen dann immer angesprochen und grüße sie und alle Dänen zurück. Zu Weihnachten und Silvester darf es gern etwas rührseliger sein, wie ich finde. Anschließend stoßen alle an und natürlich wird wieder reichlich gegessen und getrunken. Danach wird traditionell *Kransekage*, ein Marzipan-Gebäck, serviert, das auch noch mal nach Mitternacht zusammen mit einem weiteren Glas Sekt oder Champagner gereicht wird. Mit viel Essen und Trinken, toller Stimmung und viel *Hygge* geht es dann voller Freude ins neue Jahr!

FRAGEN RUND UM HYGGE

**TINE KJELDSEN**
Inhaberin von tinekhome

*Ich erinnere mich noch gut daran, wie ich Tine und ihre Kinder vor vielen Jahren in einer Zeitschrift beim Arzt entdeckte und mich sofort in ihre Familie und ihre Produkte verliebte. Mir gefällt der Mix aus dem schlichten dänischen Stil und den verspielten Elementen und Einflüssen anderer Länder. Bei tinekhome findet man schön gemusterte Becher, Vasen und Schüsseln aus Marokko, Handtücher und Glasvasen aus Portugal sowie Keramik, Kissen, Textilien, Lampen und Möbel aus aller Welt. Zweimal im Jahr kommt eine neue Kollektion heraus, die unter einem bestimmten Motto steht und neue Farben und Key-pieces hervorbringt, die sich immer prima neu kombinieren lassen.*

**WAS IST *HYGGE* – WIE WÜRDEST DU EINEM DEUTSCHEN *HYGGE* ERKLÄREN?** Für mich bedeutet *Hygge*, mit der Familie und Freunden zusammen zu sein. Gute Gespräche während eines leckeren Abendessens zu führen, wenn die Stunden vergehen und die Kerzen beinahe niedergebrannt sind. Ich glaube, die dänische *Hygge* ist der Inbegriff von Essen, Trinken und Zusammensein. Aber ich muss sagen, dass *Hygge* für mich auch bedeutet, sich warm einzupacken und einen Spaziergang in der dänischen Winterkälte zu machen. Ich glaube, eine *Hygge*-Stimmung schafft man, wenn man selbst glücklich und zufrieden ist und in sich ruht.

**GIBT ES FÜR DICH EINEN UNTERSCHIED ZWISCHEN *HYGGE* DAMALS UND *HYGGE* HEUTE?** Nein, ich bemerke keinen Unterschied. *Hygge* ist das, was es immer war, es gibt jetzt einfach nur das Wort *Hygge* dafür.

**WAS BEDEUTET *HYGGE* FÜR DICH?** Es bedeutet Nähe und Beisammensein mit der Familie. Gutes Essen und viele Kerzen auf den Fensterbänken gehören auch dazu.

***HYGGST* DU BEWUSST ODER UNBEWUSST?** In Dänemark *hyggen* wir bewusst und unbewusst. Zu *hyggen* liegt einfach in unseren Genen.

**WIE WICHTIG SIND TRADITIONEN FÜR DIE *HYGGE*?** Zur Weihnachtszeit sind Traditionen wichtig. Wir feiern Weihnachten immer zu Hause. Das ist eine Tradition bei uns geworden. Sowohl die Kinder als auch die Erwachsenen freuen sich über das Zusammensein und über die Vorbereitungen und die Weihnachts-*Hygge* den ganzen Dezember über. Ich glaube, im Alltag sind die *Hygge*-Traditionen nicht so wichtig. Jeder findet seine eigene Art und Weise, sich zu *hyggen*.

**WIE WICHTIG SIND ERINNERUNGEN FÜR DIE *HYGGE*?** Man kann sagen, dass Erinnerungen wichtig sind, weil *Hygge* Nähe zu den Menschen schafft, die du magst. Außerdem kann es auch eine Form der Meditation und Ruhe bedeuten, wenn man seine *Hygge*-Stunde mit einem guten Buch, einem Spaziergang oder Wellness verbringt. Es liegt an jedem selbst, für die Stimmung und Ruhe zu sorgen, damit *Hygge* entstehen kann.

**WIE WICHTIG IST DANKBARKEIT FÜR DIE *HYGGE*?** Ich bin dankbar für das, was ich habe, und für die Menschen, die mich umgeben. Für mich hat Dankbarkeit nichts mit *Hygge* zu tun, sondern mit dem Leben generell.

**MACHT *HYGGE* WIRKLICH GLÜCKLICHER?** Ganz bestimmt, die *Hygge* sorgt dafür, dass man glücklich und positiv ist. Es macht einen immer glücklich, wenn man mit denen zusammen ist, die einem etwas bedeuten, und dabei spielt *Hygge* eine wichtige Rolle.

**WELCHE *HYGGELIGEN* ERINNERUNGEN VERBINDEST DU MIT DEINER KINDHEIT?** Meine *hyggeligen* Erinnerungen sind die Zeiten, in denen ich mit meiner Familie und meinen Freunden zusammen war.

**WIE HAST DU FÜR *HYGGE* IN DER ERSTEN EIGENEN WOHNUNG GESORGT?** Bereits sehr früh habe ich viel Zeit mit Dekorieren verbracht. Ich habe die Wände angestrichen, um zu sehen, wie Farben die Einrichtung und meine Stimmung beeinflussen. Je nach Jahreszeit habe ich Möbel umgestellt und etwas erneuert. Ich finde, bei *Hygge* geht es auch darum, die jeweilige Jahreszeit im Haus zu spüren, zumindest, wenn man in der dänischen Klimazone lebt. Die Natur, die warmen Textilien oder die sommerlichen Farben zu genießen. So habe ich es immer mit meiner Einrichtung gemacht, und so mache ich es weiterhin.

**WAS IST DIR HEUTZUTAGE WICHTIG, DAMIT ES IN DEINEM ZUHAUSE *HYGGELIG* IST?** Im Herbst und Winter *hyggen* wir zu Hause, aber auch im Büro mit Kerzenschein, Kissen in dunklen Farben und warmen Wollpullovern. Sowohl auf den Fensterbänken als auch auf den Tischen stehen Glasvasen von tinekhome mit Kerzen, Blumensträußen oder Zweigen darin. Im Herbst, aber auch im Sommer ist dies besonders schön und gibt immer einen frischen Look.

**WAS MACHST DU, UM ES IM ALLTAG *HYGGELIG* ZU HABEN?** So wie eben beschrieben. Außerdem gibt es gesundes Essen aus saisonalen Zutaten.

**WENN DU VERREIST, WAS NIMMST DU MIT, DAMIT ES DORT *HYGGELIG* IST?** Wenn ich auf Reisen gehe, nehme ich mein Notizbuch mit. Ich finde viel Inspiration auf meinen Reisen, sodass es wichtig für mich ist, diese zu skizzieren. Darüber hinaus habe ich immer kuschelige Pullis dabei, und wenn es ein warmes Land ist, in das ich reise, natürlich auch Sandalen.

Es ist gar nicht so einfach, im Winter im Norden Deutschlands viel Schnee zu Gesicht zu bekommen. In den letzten Jahren war es immer häufiger so, dass es nach Neujahr überhaupt nicht mehr geschneit hat. Hohe Schneewehen kennen unsere Kinder schon überhaupt nicht mehr. Der Winter ist kalt, nass und ungemütlich. Der Himmel ist oft grau, es ist dunkel und die Laune ist gedrückt. Auch in Dänemark ist es im Januar und Februar eher trübselig. Sowohl vom Wetter als auch von der Stimmung her. Die bunte Weihnachtsdekoration in den Straßen wird oftmals schon nach dem zweiten Weihnachtstag abmontiert. Alles wirkt leer, einsam und öde. Nur das Meer kann mit seinen weißen Schaumkronen locken, wenn der harte Wind durch die Wellen prescht. Aber lange ist es draußen am Meer auch nicht *hyggelig* …

# VINTERHYGGE

Die Dänen haben sich andere Lösungen gesucht, um dieser tristen Stimmung zu trotzen. Sie umgeben sich mit der *Vinterhygge*, der Winter-*Hygge*, also mit allem, was warm und wohlig macht. Sie zünden viele Kerzen an, deren warmes Licht sich an kalten Winterabenden in den Fenstern spiegelt. Zahlreiche Lampen brennen fast den ganzen Tag, weil es nie richtig hell wird. Thermoskannen stehen jederzeit mit wärmendem Tee parat und die Kaffeemaschinen laufen auf Hochtouren. Man trifft sich in gemütlichen Cafés, sitzt auf kuscheligen Fellen, eingewickelt in Decken und genießt das gemütliche Beisammensein. Man spielt Brett- und Kartenspiele oder sieht sich gemeinsam Filme an. So lässt es sich gleich viel besser aushalten. Und wenn es doch geschneit hat und es eine zauberhafte Winterlandschaft zu bestaunen gibt, dann geht es mit Kind und Kegel nach draußen, um Kalorien zu verbrennen und die winterliche Atmosphäre zu genießen. Dann lockt die Natur mit ihren weiß bedeckten Hügeln, Feldern und Wegen, auf denen man die verschiedensten Tierspuren entdecken kann, und die Zweige der Bäume sind von faszinierenden Eiskristallen bedeckt. Unterwegs gibt es einen heißen Kakao oder eine wärmende Suppe aus dem Picknickkorb. Genau das ist *Vinterhygge*.

Für mich bedeutet *Vinterhygge* neben der Gemütlichkeit aber auch, mich um meinen Körper zu kümmern und ihm etwas Gutes zu tun. Ich mache mir frisch gepresste Säfte und starte den Tag mit einem Ingwer Shot. Das gibt mir ein gutes Gefühl und hält mich gesund. In Dänemark sind diese Ingwer Shots, die das Immunsystem stärken, seit ein paar Jahren sehr im Trend. Man findet sie in kleinen Flaschen in jedem Supermarkt in unterschiedlichen Geschmacksvarianten. Ich mache sie aber selbst, das gibt mir ein gutes Gefühl und erinnert mich an Dänemark. Damit habe ich *Hygge* im Doppelpack.

# Ingwer Shot

## Ingefær shot

Glaube versetzt Berge: Zumindest habe ich den Eindruck, dass ich dank des täglichen Ingwer Shots ohne Erkältungen durch den Winter komme. Ob das nun wahr ist oder reine Einbildung, ist egal, solange es hilft. Ich bereite den Ingwer Shot ganz ohne Zucker zu – mir schmeckt es so besser und ich liebe den Geschmack, die Farbe und die Wirkstoffe von Kurkuma.

Ergibt etwa 2,5 Liter

200 g Ingwer
2 Bio-Zitronen
2 l Wasser
1/2 EL Kurkuma
2 EL Rohrzucker nach Geschmack

1 Den Ingwer schälen und in Scheiben schneiden. Die Zitronen gründlich waschen, abtrocknen und ebenfalls in Scheiben schneiden.

2 Wasser, Ingwer, Zitronenscheiben, Kurkuma und nach Geschmack auch den Zucker zum Kochen bringen und bei schwacher Hitze 45 Minuten köcheln lassen.

3 Den Sud durch ein feines Sieb abseihen und in ausgekochte Flaschen füllen. Der Ingwer Shot hält sich etwa einen Monat im Kühlschrank.

FSK
12

Sicher habt ihr es euch allein oder in Gesellschaft mal vor dem Fernseher gemütlich gemacht, um einen bestimmten Film oder eine Serie zu sehen. Ich kann mich erinnern, dass wir während meiner Abiturzeit ganze Nächte lang Filme geschaut haben, die wir uns damals noch in der Videothek ausgeliehen haben. Das war richtig klasse! Einen Abend lang haben wir zum Beispiel alle Highlander-Filme gesehen, weil einige von uns ziemlich verrückt nach Schottland waren. Ich erinnere mich, dass ich ab 3 Uhr morgens schon halb geschlafen habe. Aber die schottischen Landschaften und unsere *Filmhygge*-Nächte blieben unvergessen. Damals wusste ich es noch nicht, doch die Dänen haben dafür natürlich auch einen eigenen Begriff. Und ich finde es in Zeiten

# FILMHYGGE

von Netflix und Co. sehr schön, sich jederzeit zu einem gemütlichen Filmabend verabreden zu können oder auch einen verregneten Sonntag mal komplett vor dem Fernseher zu verbringen.

Im dänischen Fernsehen laufen spezielle Sendungen für die *Filmhygge* und es gibt sogar am Sonntagmorgen Kinderfilme, damit die Eltern länger schlafen können. Aus Dänemark stammen auch besonders spannende Krimi- und Dramaserien. Außerdem haben sie den besten Schauspieler der Welt. Ja, Mads Mikkelsen, genau den meine ich. Er spielt in der dänischen Krimiserie *Rejseholdet* einen Ermittler eines Sonderkommandos, welches immer dann zu Rate gezogen wird, wenn die Polizei den Fall nicht lösen kann. Die 32 Folgen spielen an unterschiedlichen Orten in ganz Dänemark, sodass man neben Mads Mikkelsen auch etwas von dänischen Städten und Landschaften zu sehen bekommt. Die Serie gibt es zwar leider nicht in der deutschen, dafür jedoch in der englischen Fassung unter dem Titel *Unit One*.

Weitere empfehlenswerte Filme und Serien aus Dänemark sind unter anderem *Borgen – Gefährliche Seilschaften*, ein fiktives Politikdrama rund um das dänische Parlament, *Kommissarin Lund*, eine beeindruckende Krimiserie mit Kommissarin Sarah Lund (die wunderbare Island-Pullover trägt) und *Der Adler – Die Spur des Verbrechens*, eine packende Krimiserie mit fesselnder Filmmusik und faszinierenden Landschaftsaufnahmen. Egal, ob dänische Krimiserie oder ein Frauenabend mit Herzschmerz-Filmen, lade doch einfach ein paar Freunde zu eurer persönlichen *Filmhygge* mit selbst gemachtem Popcorn und leckeren Cocktails ein!

FRAGEN RUND UM HYGGE

**JOHAN BÜLOW**
Inhaber von Lakrids by Johan Bülow

*Johan, oder besser gesagt sein köstliches Lakritz – Lakrids by Johan Bülow –, habe ich vor vielen Jahren kennen und lieben gelernt. 2007 hatten wir ein gemeinsames Projekt und ich spürte sofort seine riesengroße Leidenschaft für gutes Lakritz. Ich war fasziniert von seinem Enthusiasmus und seiner Begeisterung für so etwas Simples wie Lakritz! Wer dieses Lakritz mal probiert hat, weiß jedoch: Sein Engagement hat sich gelohnt. Es ist das beste Lakritz der Welt und es überzeugt auch viele Menschen, die mit dem herkömmlichen Lakritz bisher nichts am Hut hatten.*

**WAS IST *HYGGE* – WIE WÜRDEST DU EINEM DEUTSCHEN *HYGGE* ERKLÄREN?** Eine *hyggelige* und stille Stunde mit positiven Gedanken verbringen und das gern mit guten Snacks und spannenden Gesprächen.

**GIBT ES FÜR DICH EINEN UNTERSCHIED ZWISCHEN *HYGGE* DAMALS UND *HYGGE* HEUTE?** Für mich ist Essen mittlerweile ein wichtigerer Bestandteil der *Hygge* geworden.

**WAS BEDEUTET *HYGGE* FÜR DICH?** Eine schöne Zeit zusammen mit Familie und Freunden zu verbringen.

***HYGGST* DU BEWUSST ODER UNBEWUSST?** Ich *hygge* bewusst.

**WIE WICHTIG SIND TRADITIONEN FÜR DIE *HYGGE*?** *Hygge* ist enorm wichtig, um Begeisterung und Vorfreude zu schaffen.

**WIE WICHTIG SIND ERINNERUNGEN FÜR DIE *HYGGE*?** In Bezug auf die Traditionen ist *Hygge* sehr wichtig.

**WIE WICHTIG IST DANKBARKEIT FÜR DIE *HYGGE*?** Dankbarkeit ist generell wichtig, wenn man es gut hat.

**WIE WICHTIG IST ES, IM HIER UND JETZT ZU LEBEN?** Die *Hygge* sollte ein natürlicher Bestandteil des Lebens sein – ganz im Augenblick zu leben ist wichtig.

**WAS IST NOCH WICHTIG?** Entspannung und Ruhe, um 100% da zu sein. Telefone gehören nicht dazu, wenn man *hyggt*.

**MACHT *HYGGE* WIRKLICH GLÜCKLICHER?** Ich finde schon, dass *Hygge* glücklicher macht. Besonders wenn man mit Menschen *hyggt*, die man liebt.

**GLAUBST DU, DASS DIE DÄNEN GLÜCKLICHER ALS DIE DEUTSCHEN SIND?** Das glaube ich nicht.

**WELCHE *HYGGELIGEN* ERINNERUNGEN VERBINDEST DU MIT DEINER KINDHEIT?** Gemeinsam mit der Familie etwas Leckeres kochen und ein prasselndes Feuer im Ofen oder im Freien entzünden.

**WIE HAST DU FÜR *HYGGE* IN DER ERSTEN EIGENEN WOHNUNG GESORGT?** Ich habe ein paar Erinnerungsstücke aus meiner Kindheit mitgenommen, die mich an positive Momente denken lassen.

**WAS IST DIR HEUTZUTAGE WICHTIG, DAMIT ES IN DEINEM ZUHAUSE *HYGGELIG* IST?** Meine Kinder, deren Geräusche, und zu beobachten, wie sie größer werden.

**WAS MACHST DU, UM ES IM ALLTAG *HYGGELIG* ZU HABEN?** Ich verbringe oft Zeit mit meinen Lieben und ich rede mit ihnen im Laufe des Tages über all die guten Dinge. Und gut essen natürlich!

**WENN DU VERREIST, WAS NIMMST DU MIT, DAMIT ES DORT *HYGGELIG* IST?** Meine Familie, eine positive Einstellung und Entdeckerlust.

**WENN DU ETWAS PRODUZIERST ODER DESIGNST, ACHTEST DU DARAUF, DASS ES *HYGGELIG* IST?** Meine Produkte sind enorm *hyggelig*, und wir reden im Team viel darüber, wie und wo unsere Produkte am besten genossen werden können. Und das gerne nach dem Abendessen in guter Gesellschaft zum Kaffee.

H
Y
G
G
E

Ja, dieses komische Wort gibt es tatsächlich. *Hyggelæsning* steht für *Hygge* in Verbindung mit Lesen. Nun stellt sich die Frage: Ist es *hyggelig*, weil uns das Buch so gut gefällt oder weil wir Muße haben zum Lesen? Oder ist es *hyggelig*, weil wir uns vorher Kerzen angezündet haben, ein Getränk und vielleicht auch etwas Süßes bereitgestellt haben und irgendwo gemütlich sitzen? In jedem Fall haben wir uns auf die Situation und auf das Buch voll und ganz eingelassen. Wir setzen uns mit dem Inhalt auseinander, fangen an zu träumen oder identifizieren uns mit den Helden. Wir spüren die Freude, die Wut, die Hoffnung, die Angst, die Verzweiflung oder das Glück, die sie empfinden. Wir sind gebannt von der Handlung und möchten unbedingt wissen, wie es weitergeht. Natür-

# HYGGELÆSNING

lich sind aber auch Sachbücher sehr gut geeignet, um es sich *hyggelig* zu machen: Die Autobiografie einer Person, die wir sehr schätzten, oder ein Reiseführer für das nächste Urlaubsziel können uns genauso in ihren Bann ziehen. Oder uns läuft das Wasser im Mund zusammen, wenn wir die appetitlichen Gerichte in neuen Koch- und Backbüchern sichten.

*Hyggelæsning* bedeutet aber auch, Kindern etwas vorzulesen. Für Kinder ist es schön, jeden Abend das gleiche Ritual zu haben: Im Bett liegen sie aneinander gekuschelt unter der Decke mit gerade so viel Licht, dass die Eltern vorlesen können. Und dann geht es los mit den Abenteurern, Piraten, Rittern, Prinzessinnen, Dinosauriern und natürlich Pippi Langstrumpf und Michel aus Lönneberga.

Es kann aber auch *Hyggelæsning* sein, sich in aller Ruhe durch die Botschaften bei Facebook, Twitter und Co. zu lesen. Wenn es guttut, dann ist es das. Es kann so schön sein, sich abends durch die verschiedenen Blogs zu klicken, sich fesseln zu lassen von schönen Bildern, Erlebnissen und Erfahrungen. Und es ist für mich persönlich genauso *hyggelig*, diese Bilder und Erlebnisse auf meinem Blog oder in meinen Büchern mit dir zu teilen. Wichtig ist dabei, sich bewusst darauf einzulassen und nachzuspüren, ob es einem richtig gut dabei geht.

Doch egal, wie viele Seiten ein Buch hat, irgendwann ist es zu Ende. Das Liebespaar hat sich gefunden, der Bösewicht sitzt hinter Schloss und Riegel – aber wie geht es weiter? Da hilft ein Zitat von Hans Christian Andersen: „Das wunderbarste Märchen ist das Leben selbst." Und irgendwann in diesem wunderbaren Märchen kommt wieder ein neues Buch, eine neue Geschichte oder ein neues Abenteuer auf uns zu. Dann können wir es uns wieder *hyggelig* machen und lesen. Oder lesen und es dabei *hyggelig* haben.

Sie liegen weiterhin vor uns: dunkle, kalte Tage, die nicht enden wollen. Es ist dunkel beim Aufstehen und dunkel, wenn wir von der Arbeit nach Hause kommen. Der kalendarische Frühling hat noch nicht einmal begonnen. Doch ich habe ein Ritual für den Februar erfunden, welches für mich für *Forårshygge*, also Frühlings-*Hygge* steht. Seit ein paar Jahren trotze ich dem langen Winter mit intensivem Frühjahrsputz. Vielleicht ist es erstaunlich, in einem Buch über die dänische *Hygge* etwas über den Frühjahrsputz zu lesen. Kann putzen *hyggelig* sein? Wenn ich bei meiner Schwester in Kopenhagen aus dem Fenster schaue, beobachte ich am Sonntagnachmittag Eigentümliches in den Fenstern gegenüber. Dort wird Staub gewischt, gesaugt und gewienert. Ich weiß, dass die

# FORÅRSHYGGE

Dänen ihr Zuhause und ihr Eigentum wertschätzen und immer gut pflegen. Doch ich frage mich, ob wirklich jeder Däne am Sonntag putzt. An einem Sonntag sah ich jedenfalls gegenüber eine Frau, die viel Zeit und Liebe dafür aufbrachte, ihre Wohnung auf Vordermann zu bringen. Am Ende war alles sauber und ordentlich, das Essen war gekocht und ihre Familie versammelte sich am Esstisch. Ob die Dänen aber ihren Frühjahrsputz wie ich im Februar machen, kann ich nicht sagen.

Keine Sorge, für *Hygge* braucht man nicht zwingend ein blitzsauberes Zuhause, aber ich finde, dass ein gewisses Maß an Sauberkeit hilft, damit eine gute Stimmung aufkommen kann. Für mich persönlich ist der Frühjahrsputz an sich *hyggelig*. Ich nehme mir dann jedes Zimmer vor, jede Schublade und jeden Schrank. Alles bekommt seine Aufmerksamkeit und ich sortiere großzügig aus. Wann nimmt man sich schon einmal die Zeit, sich nur auf eine Sache zu konzentrieren. Ich putze, scheuere, poliere, repariere, sortiere und vor allem dekoriere ich anschließend alles neu. Auf einmal erscheint die Wohnung wieder heller und freundlicher. Außerdem gibt es heutzutage sehr schicke Putz-Utensilien im dänischen Design: Handfeger und Schaufel von Norman Copenhagen, bunte Abwaschbürsten von GreenGate oder RICE und praktische Putzlappen von RIC, FERM Living oder Humdakin. So macht Putzen Spaß! Spätestens dann, wenn alles glänzt und herrlich nach Kamille und Sanddorn duftet und ich mich zurücklehnen und unser sauberes Zuhause genießen kann.

HAND LOTION
HUMDAKIN
HANDSOAP
HUMDAKIN
A

HUMDAKIN

UNIVERSAL CLEANER
HUMDAKIN

FRAGEN RUND UM HYGGE

**CAMILLA SCHRAM**
Inhaberin von Humdakin

*Camilla habe ich auf der Formland-Messe kennengelernt und war sofort von ihr und ihren Produkten begeistert. Mit ihrer Firma Humdakin bietet sie moderne Produkte für den Haushalt und die Pflege an, die aus natürlichen skandinavischen Zutaten bestehen und wunderbar duften. Wenn du weiterliest, dann erfährst du, dass Camilla den Duft ihrer Produkte in Erinnerung an die Düfte ihrer Kindheit entwickelt hat. Genial, oder? So riecht es nun bei uns wie früher bei Camilla in Dänemark – und ihre Produkte können sich auch wirklich sehen lassen.*

**WAS IST *HYGGE* – WIE WÜRDEST DU EINEM DEUTSCHEN *HYGGE* ERKLÄREN?** Für mich ist *Hygge*, entspannen zu können und mit Menschen im Hier und Jetzt beisammen zu sein. Ich liebe es, Freitage mit meiner Familie zu verbringen: Alle machen früh Feierabend, das Zuhause duftet sauber, frische Blumen stehen auf dem Tisch, wir kaufen zusammen ein, naschen Süßigkeiten und schlafen alle zusammen auf dem Sofa ein – das ist *Hygge*.

**GIBT ES FÜR DICH EINEN UNTERSCHIED ZWISCHEN *HYGGE* DAMALS UND *HYGGE* HEUTE?** Ich glaube, dass *Hygge* etwas ist, was in unserer DNA liegt. Der große Unterschied ist vielleicht, dass jetzt alle Menschen mit ihren Kindern und ihrer Karriere sehr beschäftigt sind und die *Hygge* mehr geplant werden muss, als dass sie von alleine entsteht.

**WAS BEDEUTET *HYGGE* FÜR DICH?** Ich persönlich *hygge* mich beim Saubermachen. Das ist *Hygge* für mich: einen Ort zu haben, der *hyggelig*, organisiert, sauber und behaglich ist. Ein Ort, an dem es reine, weiche, gut duftende Handtücher, frisch gewaschene Wäsche und einen glänzenden Boden gibt. Ich liebe das saubere Gefühl, es ist die beste Grundlage, um *Hygge* zu schaffen und um zu *hyggen*. Unser Zuhause bildet so den Rahmen für ein *hyggeliges* Leben.

***HYGGST* DU BEWUSST ODER UNBEWUSST?** Es kann *hyggelig* sein, wenn man sich für einen Waldspaziergang verabredet und hinterher einen warmen Kakao trinkt. Das passiert dann meist bewusst. Es kann auch *hyggelig* sein, wenn man saubermacht, wobei man dann oft eher unbewusst *hyggt*.

**WIE WICHTIG SIND TRADITIONEN FÜR DIE *HYGGE*?** Ich glaube, dass *Hygge* und Traditionen sehr miteinander verbunden sind. Ich *hygge* mich zu Festtagen wie Ostern, Weihnachten, Geburtstagen, Familienessen und am Sankt-Hans-Abend. Traditionen sind *hyggelig*, zumal die Erinnerungen daran ebenfalls *hyggelig* sind.

**WIE WICHTIG SIND ERINNERUNGEN FÜR DIE *HYGGE*?** Oft verbindet man im Kopf Erinnerungen mit etwas, das *hyggelig* war oder ist. Daher sind Erinnerungen sehr wichtig für die *Hygge*. Ich finde, dass Weihnachten und der Dezember die *hyggeligste* Zeit des Jahres sind, und sie ist stark mit den Erinnerungen an frühere Weihnachten verbunden. Vor allem am Weihnachtstag, wenn alles vorbereitet wird, das *Flæskesteg* im Ofen duftet und man *hyggelige* Erwartungen hat.

**WIE WICHTIG IST DANKBARKEIT FÜR DIE *HYGGE*?** Dankbarkeit ist etwas, das man nicht als gegeben betrachten kann. Daher denke ich, dass

Dankbarkeit und *Hygge* besonders miteinander verbunden sind. Wenn es selbstverständlich wäre, würde niemand fühlen, dass etwas *hyggelig* oder *uhyggelig* ist.

**WIE WICHTIG IST ES, IM HIER UND JETZT ZU LEBEN?** Ich denke, dass Dinge, die geplant sind, oft stressig sein können und manchmal kann es dann *uhyggelig* sein. Kleine Momente werden dagegen oftmals ganz spontan zu *hyggeligen* Erinnerungen, weil man im Hier und Jetzt gewesen ist.

**WAS IST NOCH WICHTIG?** Ich *hygge* mich sehr in ruhigen und sauberen Umgebungen mit den Menschen, die ich liebe. Ich glaube, dass jeder Mensch etwas anderes damit verbindet.

**MACHT *HYGGE* WIRKLICH GLÜCKLICHER?** Ich bin glücklich, wenn ich zur Arbeit gehe. Ich *hygge* dann genauso, wie wenn ich in meiner Freizeit Kastanien sammle. Ich mache viel, um es *hyggelig* zu haben. Ich sorge vor allem immer dafür, dass es in meinem Showroom sauber ist, dass es gut duftet, dass es immer frische Blumen und Kerzenlicht gibt. Das schafft eine Stimmung, bei der man sich mit Kreativität *hyggen* kann, während man neue Produkte designt.

**GLAUBST DU, DASS DIE DÄNEN GLÜCKLICHER ALS DIE DEUTSCHEN SIND?** Ich glaube nicht, dass die Dänen glücklicher als die Deutschen sind – vielleicht sind wir aufmerksamer. Und vielleicht sind sich die Deutschen auch nicht so bewusst, dass sie gerade *hyggen*, weil sie nicht darüber nachdenken. Sich das Gefühl bewusst zu machen, dass man es an einem Ort oder im Beisammensein mit anderen Menschen schön hat, kennt aber wohl jeder.

**WELCHE *HYGGELIGEN* ERINNERUNGEN VERBINDEST DU MIT DEINER KINDHEIT?** Meine Erinnerungen sind verbunden mit meiner Arbeit heute. Ich übertrage sie in die Produkte meiner Firma Humdakin. Ich habe versucht, die Erinnerungen an die Düfte aus meiner Kindheit in meiner Serie von Seifen und Reinigungsmitteln neu zu erschaffen. Wenn ich abends im Bett liege, riecht meine Bettwäsche nach dem Waschmittel, das Erinnerungen an meine Kindheit weckt.

**WIE HAST DU FÜR *HYGGE* IN DER ERSTEN EIGENEN WOHNUNG GESORGT?** Meine erste Wohnung habe ich mit vielen hübschen Pflanzen, Duftkerzen, Vasen mit frischen Blumensträußen und gut riechender Seife im Badezimmer eingerichtet. Es ist *hyggelig*, wenn du es schaffst, dass sich Gäste in deiner Wohnung zu Hause fühlen.

**WAS IST DIR HEUTZUTAGE WICHTIG, DAMIT ES IN DEINEM ZUHAUSE *HYGGELIG* IST?** Das Wichtigste ist für mich, sauber und ordentlich zu wohnen. Das gibt mir Energie, um mich mit den kleinen Dingen das Alltags zu *hyggen*. In meinem Zuhause findet man immer Duftkerzen und jede Menge Pflanzen und Blumen. Diese Kleinigkeiten verschaffen mir eine *hyggelige* Stimmung im Alltag.

**WAS MACHST DU, UM ES IM ALLTAG *HYGGELIG* ZU HABEN?** Ich sorge dafür, dass die Einrichtung *hyggelig* ist, egal ob das nun an meinem Arbeitsplatz oder in meinem Zuhause ist.

**WENN DU VERREIST, WAS NIMMST DU MIT, DAMIT ES DORT *HYGGELIG* IST?** Ich nehme nichts Spezielles mit, um es während der Ferien *hyggelig* zu haben, oft ist es *hyggelig*, wenn ich mit den Menschen zusammen bin, mit denen ich reise.

**WENN DU ETWAS PRODUZIERST ODER DESIGNST, ACHTEST DU DARAUF, DASS ES *HYGGELIG* IST?** Ich *hygge* mich dabei, wenn ich etwas designe. Das ist ein Gefühl, das entsteht, wenn ich in der richtigen Umgebung bin und inspiriert werde. Oft ist *Hygge* etwas, das ich mit etwas Schönem und keiner Pflicht verbinde. Daher denke ich immer, dass es *hyggelig* ist, wenn ich kreativ tätig sein kann.

HAVFRUEN
KONTOR
TIL LEJE

Du hast beim Lesen des Buches Lust bekommen und möchtest das Lebensgefühl der Dänen nun selbst erleben? Das ging mir beim Schreiben nicht anders: Ich sah mich schon auf der Kaimauer am Nyhavn sitzen, mit einem leckeren *Smørrebrød* vor mir und dänischem Stimmengewirr im Ohr. Ich war zwar schon oft in Kopenhagen, trotzdem freue ich mich jedes Mal aufs Neue, wenn es wieder dorthin geht. Und obwohl Kopenhagen eine Großstadt ist, ist es dort *hyggelig*. Kein Wunder, denn die meisten Menschen, die dort leben, haben schließlich von Kindesbeinen an gelernt, sich zu *hyggen*.

Was gehört also zu einem *hyggeligen* Besuch in Kopenhagen? Auf jeden Fall eine schöne Unterkunft, gutes Essen, nette Menschen, eine faszinierende Atmosphäre und vielleicht eine entspannte Shopping-Tour. Ich zeige ich dir an dieser Stelle, wie ich mir ein *hyggeliges* Wochenende in Kopenhagen vorstelle. Ich lade dich ein, mit mir zu träumen, und dabei einen Besuch in Kopenhagen zu planen. Dazu musst du dir nur die Dinge aussuchen, die dich besonders ansprechen – und schon bald sitzt du auf der Kaimauer am Nyhavn und genießt die Aussicht. Los geht's!

# EIN HYGGELIGES WOCHENENDE IN KOPENHAGEN

## PLANUNG

Um ehrlich zu sein: Kopenhagen ist leider ganz schön teuer. In Dänemark beträgt die Mehrwertsteuer 25 Prozent und das ist überall zu spüren. Wundere dich also nicht über die verhältnismäßig teuren Übernachtungs- und Restaurantpreise, sondern kalkuliere sie vorher ein. Außerdem empfehle ich dir, die Reisezeit so zu legen, dass der Vergnügungspark Tivoli im Zentrum der Stadt geöffnet hat. Das ist im Sommer, während der dänischen Herbstferien und zur Weihnachtszeit der Fall. Er ist immer beeindruckend geschmückt und das alleine ist schon einen Besuch wert.

*Rechte Seite: Butik Stilleben in Kopenhagen*

## ÜBERNACHTUNG

Du brauchst natürlich eine Übernachtungsmöglichkeit. Um direkt in einem dänischen Zuhause zu übernachten, suchst du dir am besten ein Apartment

STILLEBEN
STI
LLE
BEN
TILLEBEN
STILLEBEN
東京
STUDIO ARHOJ
TOKYO SERIES

über Airbnb. Leider weiß man dabei aber vorher nicht, ob alles genauso ist, wie es im Internet beschrieben wird. Wenn du sicher sein möchtest, dass es *hyggelig* ist, dann empfehle ich dir ein Boutique Hotel der Brøchner-Hotelkette, die verschiedene *hyggelige* Hotels im Zentrum von Kopenhagen betreibt. Außerdem kannst du dir direkt im Hotel ein Fahrrad ausleihen – das typische Fortbewegungsmittel der Dänen. Eines dieser Hotels ist das modernisierte Hotel Danmark in der Nähe des Rathausplatzes mit eigener Dachterrasse. Auch das architektonisch einzigartige Astoria Hotel am Bahnhof ist zu empfehlen. Sehr beliebt ist auch das Hotel SP34, welches ganz nah bei der Strøget, der Fußgängerzone, im Latin Quater liegt. Es beheimatet übrigens auch das angesagte Restaurant Väkst.

Mein Tipp: Das neue Kähler Hotel mit dem Namen Hotel Herman K soll etwa zum Erscheinungstermin dieses Buches eröffnet werden. Das Hotel ist sehr zentral in der Nähe des Kaufhauses Magasin du Nord gelegen – nahe des Kongens Nytorv und parallel zur Fußgängerzone. Ich weiß zwar noch nicht, wie es eingerichtet sein wird, stelle mir aber vor, dass die typischen gestreiften Omaggio-Vasen mit bunten Blumensträußen überall verteilt sind, und ich freue mich darauf, es im nächsten Jahr zu besuchen.

*Georg Jensen und das HAY House am Amagertorv, Kopenhagen*

*Tivoli, Kopenhagen*

**VERGNÜGEN UND ESSEN**

Mit der Unterkunft bist du schon ein Stück weiter. Sobald du die Anreise gebucht hast, kann es also losgehen. Nach dem Einchecken hast du sicher Hunger oder möchtest direkt die Stadt erkunden.

Ich würde dir empfehlen, gleich den ersten Nachmittag oder Abend im Tivoli zu verbringen. Auf dem Weg dorthin kannst du die besondere Stimmung der Stadt genießen, während du durch die Straßen bummelst. Im Tivoli gibt es auch die verschiedensten Restaurants, die typisch dänische, aber auch internationale Küche in verschiedenen Preisklassen anbieten. Das ist zwar praktisch, doch ich würde dir für ein *hyggeliges* erstes Abendessen eher die beiden Cofoco-Restaurants Väkst und Höst oder das Michelin-Restaurant Kadeau empfehlen, wenn du die neue nordische Küche probieren möchtest. Alle drei sind sowohl optisch als auch kulinarisch einen Besuch wert. Du kannst aber auch den Værnedamsvej entlang schlendern. In dieser Straße, die mit ihrem Flair an Paris erinnert, befinden sich ein schickes Restaurant neben dem anderen. Oder du schaust in der Kødbyen vorbei, dem ehemaligen Schlachthofviertel, in dem sich ebenfalls viele verschiedene Restaurants angesiedelt haben. Eine weitere Alternative ist der Gråbrødretorv, ein zent-

*Torvehallerne, Kopenhagen*

raler Platz mit schönen Lokalen wie dem Peder Oxe mit seiner klassischen dänischen Küche und verschiedenen Bars, in denen du den Abend ausklingen lassen kannst. Da kann ich zum Beispiel The Jane empfehlen. Auf der anderen Seite der Strøget befindet sich noch die Weinbar Ved Stranden 10 oder die Cocktailbar Ruby. Alles ist sehr zentral gelegen, sodass du beim Erkunden der Innenstadt über die eine oder andere Location automatisch stolpern wirst und den Abend so *hyggelig* verbringen kannst, wie du es magst.

Mein Tipp: Zum Erscheinen dieses Buches feiert das weltbekannte Noma 2.0 Neueröffnung. Schaue dort vorbei, wenn du ein einmaliges kulinarisches Erlebnis auf Spitzenniveau erleben möchtest – und reserviere rechtzeitig einen Tisch!

**SHOPPING**

Nach dem leckeren Frühstück im Hotel würde ich dir einen Bummel durch die Fußgängerzone empfehlen. Am besten vom Rathausmarkt zum Kongens Nytorv. Auf dieser Strecke werden die Geschäfte immer schöner. Auf dem Weg liegen das Illums Bolighus und die Kaufhäuser Illum und Magasin du Nord, Royal Copenhagen und Georg Jensen. In den Seitengassen befinden sich die Geschäfte Notre Dame und Stilleben, die wunderschöne Wohnaccessoires verkaufen, und der Haushaltswarenladen H. Sjkalm P. Hast du jetzt Hunger bekommen? Dann kannst du dich im Royal Smushi Cafe im Hinterhof mit kleinen *Smørrebrød*-Variationen stärken. Du kannst aber auch vom Amagertorv aus die Købmagergade hinuntergehen und gelangst nach etwa 15 Minuten zu den Markthallen von Kopenhagen, den Torvehallerne. Hier gibt es viel zu entdecken und tolle Angebote für ein schönes Mittagessen: Frisches Obst, Gemüse, Fisch, Fleisch und Blumen lachen dich von den Ständen an. Allein der Anblick ist schon sehenswert und vielleicht nimmst du dir hier auch etwas für ein Picknick mit.

**SEHENSWÜRDIGKEITEN**

Im Anschluss kannst du von der Metrostation Nørreport aus nach Frederiksberg fahren, um in den Gartenanlagen von Schloss Frederiksberg zu picknicken. Oder du gehst zu Fuß zum Kongens Have beim Schloss Rosenborg, wo du dir die dänischen Kronjuwelen ansehen kannst. Gegen 11.30 Uhr startet in der Nähe des Schlosses die königliche Leibgarde ihren täglichen Weg durch die Stadt zum Schloss Amalienborg, wo um 12.00 Uhr der Wachwechsel stattfindet. Vielleicht willst du sie ein Stück begleiten? Oder du planst deinen Tag so, dass du um 12.00 Uhr beim Schloss bist, um den Wachwechsel zu beobachten, und anschließend durch die nahe Strøget bummeln kannst. Vom Schloss Amalienborg aus kannst du aber auch in etwa 15 Minuten zu Fuß zur kleinen Meerjungfrau gehen. Leider sind dort meist ziemlich viele Touristen und die Statue ist wirklich sehr klein. Aber der Blick auf den Hafen dort ist einfach wunderschön. Am Wasser entlang geht es zurück gen Süden nach Nyhavn. Hier ist es sehr touristisch, trotzdem mag ich es sehr. Ich finde es einfach *hyggelig*, mit einem Glas Wein oder Bier an der Hafenmauer zu sitzen und das Treiben zu beobachten. Bisher gelangte man über die Brücke vom Hafen zu der Halle vom beliebten Copenhagen Street Food, doch ab 2018 werden sie eine andere Location suchen müssen. Wenn dich die Schlösser nicht interessieren, kannst du auch das

*Schloss Rosenborg beim Kongens Have, Kopenhagen*

*Maritimes Museum in der Nähe von Schloss Kronborg in Helsingør, nördlich von Kopenhagen*

*Rechte Seite: Nyhavn, Kopenhagen*

Designmuseum Danmark besuchen oder du bist nach dem Tag erschöpft und genießt im Hotel eine Erfrischung, bevor du abends wieder aufbrichst, um dir ein Restaurant nach deinem Geschmack zu suchen.

Wenn du am Sonntag nach dem Frühstück viel Zeit hast, dann würde ich dir empfehlen, mit der Bahn oder dem Auto Richtung Norden am schönen Strandweg entlang zum Louisiana Museum zu fahren. Das Museum liegt direkt am Öresund und ist absolut einen *Hygge*-Besuch wert. Du kannst aber auch die Glyptothek besuchen, die sich in einem beeindruckenden Bau befindet, oder das Nationalmuseum. Vielleicht hast du auch Lust auf einen Bummel durch das nahegelegene Dragør? Dieses putzige Fischerdorf finde ich ebenfalls sehr *hyggelig*. Falls du noch etwas Zeit übrig hast, empfehle ich einen Besuch der Jægersborggade in Nørrebro, die mit vielen schnuckeligen Geschäften lockt, oder der Ravnsborggade mit ihren Antiquitätenhändlern. Oder du machst einen kleinen Fahrradausflug hinüber zur anderen Seite des Hafens nach Christianshavn und bis zur Freistadt Christiana.

HIER FINDEST DU DIE LINKS ZU DEN HYGGE-SPOTS, DIE ICH OBEN ERWÄHNT HABE:

tivoli.dk/en
brochner-hotels.com
cofoco.dk/en/
kadeau.dk
noma.dk
restaurantpederoxe.comw
thejane.dk
vedstranden10.dk
rby.dk
notredame.dk
stilleben.dk
illumsbolighus.com
illum.dk
magasin.dk
royalcopenhagen.com
georgjensen.com
hskjalmp.dk
torvehallernekbh.dk
royalsmushicafe.dk
copenhagenstreetfood.dk/en/
designmuseum.dk/en/
louisiana.dk
glyptoteket.dk
en.natmus.dk

HAVFRUEN

Dänemark ist nicht nur Kopenhagen – und Kopenhagen ist nicht ganz Dänemark. Wer bisher nur in Kopenhagen war, hat Dänemark eigentlich überhaupt nicht gesehen, und wer immer Ferienhaus-Urlaub in Jütland macht und noch nie die Hauptstadt Kopenhagen besucht hat, dem fehlt auch etwas sehr Entscheidendes. Um Dänemark ganz begreifen zu können und das *hyggelige* Lebensgefühl komplett zu erfahren, muss man mindestens viermal nach Dänemark gereist sein: nach Kopenhagen, an einen breiten Sandstrand an der dänischen Nordseeküste, an einen dänischen Ostseestrand und auf eine Insel in der Dänischen Südsee oder mindestens einmal nach Bornholm.

# HYGGE-ORTE IN DÄNEMARK

Wenn du zum ersten Mal nach Dänemark reist, ist es daher eine Herausforderung, dich für das richtige Reiseziel zu entscheiden. Wo gefällt es dir persönlich am besten und wo gibt es besonders viel von diesem *hyggeligen* Lebensgefühl? Die erfahrenen Dänemark-Liebhaber dagegen kennen sich schon aus und wählen ihr Ziel nach anderen Maßstäben aus. Leicht fällt die Wahl so oder so nicht. Es sei denn, man hat bereits einen Lieblingsort für sich gefunden, den man jedes Jahr aufs Neue besucht, um sich jedes Mal wieder darauf zu freuen, und jedes Jahr zu entdecken, was sich geändert hat und was gleich geblieben ist. Obwohl Dänemark ein kleines Land ist, gibt es so viele unterschiedliche Landschaften und Orte, die man allein vom Klang des Namens her nicht unterscheiden kann. Es gibt zahlreiche *hyggelige* Kleinstädte, Hafenstädte und Regionen und eine schier unglaubliche Zahl an Inseln. Ich kenne nicht alle Orte und vor allem nicht jede Insel, doch meine liebsten *Hygge*-Orte verrate ich dir gern. Schließlich möchte ich, dass du es genauso *hyggelig* hast wie wir, wenn du Dänemark besuchst.

*Hafen von Svaneke, Bornholm*

Als ich die Liste erstellt habe, ist mir aufgefallen, dass ich sehr viele Inseln aufzähle,

obwohl ich doch überhaupt keine Wasserratte bin und schaukelnde Schiffsüberfahrten am liebsten vermeide. Das ist für mich besonders *uhyggelig*. Doch die Inseln und ihre eigenen kleinen Welten entschädigen für alle Strapazen. Auf ihnen finde ich es sehr *hyggelig*, da man nicht so viel tun oder erkunden muss, sondern einfach nur sein kann. Es bleibt viel Zeit, um die Seele baumeln zu lassen und auf das Meer zu schauen. Eine Woche in einem Ferienhaus, einem Hotel oder auf einem Campingplatz auf einer Insel möglichst direkt am Meer ist für mich also der Inbegriff von einem *Hygge*-Urlaub in Dänemark.

*Die bekannte Eisbude am Strand von Tversted*

*Fischerboote am Strand von Løkken, Nordjütland*

Außerdem sind *Hygge*-Orte Städte, Dörfer und Gegenden, an denen ich mich besonders wohlfühle. Es gibt dort alte Fachwerkhäuser, hübsche Gärten und pittoreske Gassen, kleine Geschäfte und Restaurants mit leckeren Spezialitäten. Wenn es nicht gerade Kopenhagen oder Aarhus ist, dann ist es an diesen Orten oft ruhig und beschaulich. Dann habe ich Lust, gemütlich zu bummeln oder mich einfach irgendwo hinzusetzten, etwas zu essen und den Blick schweifen zu lassen. Besonders liebe ich es, an einem Hafen zu sitzen, die Fischer- und Segelboote zu beobachten und immer wieder auf das weite Meer

E 141

*Fachwerkhaus in Nordby auf der Insel Samsø*

zu blicken, das sanfte Rauschen der Wellen an der Ostseeküste oder das wilde Sprudeln an der Nordsee im Ohr. An diesen Orten ein Ferienhaus zu haben, ist für mich Urlaub und Erholung pur. Im Sommer kann man am Abend die Sonnenuntergänge beobachten und in der kalten Jahreszeit ein gemütliches Kaminfeuer genießen. Hier findet man Zeit, ein gutes Buch zu lesen, sich zu unterhalten, und lecker zu essen. Hier gibt es viel frische Luft und viel unberührte Natur zu bestaunen.

Und selbst nach einem turbulenten Wochenende in Aarhus habe ich das Gefühl, dass meine Batterien wieder aufgeladen sind. Ich habe die verschiedensten Sinneseindrücke aufgesogen und bin versorgt mit neuer Energie, frischer Kreativität und vielen Ideen.

DIE ORTE, DIE FÜR MICH AM *HYGGELIGSTEN* SIND, HABE ICH HIER AUFGEFÜHRT:

- die Insel Fanø an der südlichen Nordsee
- die Kleinstadt Gammel Skagen an der Spitze von Jütland
- Aarhus, die zweitgrößte Stadt Dänemarks, und die Kleinstädte Ebeltoft und Mariager in Mittel-Jütland
- die Insel Samsø (vor allem der Ort Nordby)
- die Kleinstädte Kerteminde und Svendborg auf Fünen und die Insel Tåsinge
- die Insel Ærø inmitten der Dänischen Südsee bei Fünen
- die Orte Karrebæksminde, Skælskør, Rørvig, Hornbæk, Gilleleje und Tisvildeleje auf Seeland
- die Kleinstadt Dragør, südlich von Kopenhagen, und natürlich Kopenhagen
- die Insel Møn in der südlichen Ostsee
- die Insel Bornholm (vor allem die Orte Gudhjem und Svaneke)

*An der dänischen Nordseeküste*

# ADRESSEN IN DÄNEMARK

Hier findest du eine erlesene Auswahl meiner Lieblingsgeschäfte in Kopenhagen und Aarhus.

## KOPENHAGEN

**Contrast** | www.contrast-is.dk | Hovedvagtsgade 6

Onlineshop und Ladengeschäft im Zentrum von Kopenhagen mit Wohnaccessoires und Leuchten.

**FIL DE FER** | www.fildefer.dk | Kongensgade 83 A

Onlineshop und Geschäft im Zentrum von Kopenhagen mit einer Riesenauswahl an großen und kleinen Fundstücken, vor allem aus Frankreich.

**H. Skjalm P.** | www.hskjalmp.dk | Nikolaj Plads 9

Toller Laden in der Kopenhagener Innenstadt mit vielen Accessoires für Küche und Wohnen. Eine wahre Kopenhagener Institution.

**ILLUM** | www.illum.dk | Østergade 52

Großes Kaufhaus im Zentrum von Kopenhagen. Im vierten Stockwerk gibt es Wohn- und Küchenaccessoires vieler bekannter dänischer und internationaler Marken.

**Illums Bolighus** | www.illums-bolighus.com | Amagertorv 10

DAS Wohnkaufhaus im Zentrum von Kopenhagen. Neues Möbeldesign, Accessoires und Designklassiker aus aller Welt auf vier Stockwerken. In der Weihnachtszeit befindet sich nebenan eine Weihnachtsstube.
Shop-in-Shops von ByLassen, Designletters, Stelton u.v.m.

**Just Spotted** | www.justspotted.dk | Oehlenschlægersgade 13

Onlineshop und Laden in Vesterbro mit Plakaten und Fotokunst von angesagten skandinavischen Künstlern.

**Magasin du Nord** | www.magasin.dk | Kongens Nytorv 13

Riesiges Kaufhaus am Kongens Nytorv mit einem ganzen Stockwerk voller Wohn- und Küchenaccessoires. Empfehlenswert finde ich auch das Restaurant im fünften Stock.

**Notre Dame** | www.notre-dame.dk | Nørregade 7

Schöne Boutique im Herzen der Kopenhagener Innenstadt. Große Auswahl an Wohn- und Küchenaccessoires u. a. von Broste Copenhagen, House Doctor und Ib Laursen. Tolle Papierwaren und zahlreiche Kleinigkeiten.

**Paustian** | www.paustian.dk | Kalkbrænderiløbskaj 2

Onlineshop und Geschäft in Kopenhagen Nordhavn, in einmaliger Lage am Wasser und mit interessanter Bauweise von Jørn Utzon. Dänisches und internationales Möbeldesign, Teppiche, Lampen und Wohnaccessoires.

**RETRO VILLA** | www.retrovilla.dk | Naboløs 1

Wunderschöne Boutique in der Seitenstraße der Fußgängerzone Strøget mit vielen (Retro-)Tapeten, Knöpfen, Keramik und weiteren Wohnaccessoires.

**Royal Copenhagen** | www.royal-copenhagen.com | Amagertorv 6

Sehenswerter Flagship Store im Zentrum von Kopenhagen. Das königliche Porzellan wird hier wunderschön präsentiert. In der Weihnachtszeit gibt es gedeckte Weihnachtstische zu entdecken.

**RUE VERTE** | www.rueverte.dk | Ny Østergade 11

Designshop im Zentrum von Kopenhagen mit hochwertigem Interior Design und ausgewählten neuen und antiken Wohnaccessoires aus aller Welt.

**SHOP DORA** | www.shopdora.dk | Værnedamsvej 6

Geschäft mit einem Mix aus Design, Vintage und Accessoires im Kopenhagener Stadtteil Vesterbro.

**Stilleben** | www.stilleben.dk | Niels Hemmingsens Gade 3

Feines Geschäft in der Innenstadt von Kopenhagen mit Keramik, Bildern, Interior, Möbeln, Textilien, Schmuck und Wohnaccessoires von führenden dänischen und internationalen Designern, Newcomern und jungen Talenten.

## AARHUS

**Confortable** | Vestergade 5

Geschäft mit Möbeln, Accessoires und Mode im Zentrum von Aarhus von Birgitte, der Eigentümerin des modernen Wohnhauses im zweiten Kapitel. Hier findet man die Design-By-Us-Lampen.

**Kähler and friends** | www.kahler-design.com | M.P. Bruuns Gade 41

Flagship Store des berühmten Kähler Designs in Aarhus mit Keramik, Geschirr, Vasen und Accessoires.

**La Maison** | www.la-maison.dk | Studsgade 10

Geschäft im Herzen von Aarhus mit alten und neuen Wohnaccessoires, Möbeln, Teppichen, Kissen und einzigartigen Produkten im Stilmix aus aller Welt.

**Magasin du Nord** | www.magasin.dk | Immervad 2–8

Filiale des Kaufhauses Magasin du Nord am Kanal in der Innenstadt von Aarhus.

**Paustian** | www.paustian.dk | Skovvejen 2

Onlineshop und Ableger des bekannten Geschäfts in Kopenhagen. Dänisches und internationales Möbeldesign, Teppiche, Lampen und Wohnaccessoires.

**Royal Copenhagen Concept Store** | www.royalcopenhagen.com | Store Torv 14

Geschäft im Zentrum von Aarhus – wundervoll mit dem beliebten Porzellan dekoriert.

### DÄNISCHE ZEITSCHRIFTEN

Hier ein paar Zeitschriften aus Dänemark, in denen ich immer wieder gerne auf der Suche nach *hyggeligen* Inspirationen blättere: ALT INTERIOR, BO BEDRE, BOLIG, boligliv, MAD & BOLIG, Liv, LÆKKERIER, RUM, SPIS BEDRE.

### DÄNISCHE MARKEN

In diese dänischen Marken habe ich mich über die Jahre verliebt. Und es kommen immer neue dazu!

&tradition | andtradition.com
Aiayu | aiayu.com
Anne Black | anneblack.dk
A SIMPLE MESS | asimplemess.dk
A.U Maison | aumaison.dk
AYTM | aytm.dk
BIRGER 1962 | birger1962.com
Bloomingville | bloomingville.com
Broste Copenhagen | brostecopenhagen.com
Bungalow | bungalow.dk
ByLASSEN | bylassen.com
Day Home | day-home.dk
Designletters | designletters.dk
Dinesen | dinesen.com
Erik Jørgensen | erik-joergensen.com
ferm LIVING | fermliving.com
GATE NOIR | gatenoir.dk
Georg Jensen | georgjensen.com
GreenGate | greengate.dk
GUBI | gubi.com
HAY | hay.dk
House Doctor | housedoctor.dk
Hübsch Interior | hubsch-interior.com
Humadkin | humdakin.com
Ib Laursen | iblaursen.dk
KABE Copenhagen | kabe-copenhagen.dk
Kähler Design | kahlerdesign.com
Kay Bojesen | www.kaybojesen.de
Kortkartellet | kortkartellet.dk
KREAFUNK | kreafunk.com
kvadrat | kvadrat.dk
LAKRIDSBYJOHAN BÜLOW | www.lakrids.nu
Living by Heart | www.livingby-heart.dk
louis poulsen | louispoulsen.com
MADAM STOLZ | madamstoltz.dk
Montana | montana.dk
MUUTO | muuto.com
Nordal | nordal.eu
Oliver furniture | oliverfurniture.dk
REPUBLIC OF Fritz Hansen | fritz.hansen.com
Ro Collection | rocollection.dk
Royal Copenhagen | royal-copenhagen.com
Sirius | sirius.as
Stelton | stelton.com
Summerbird | www.summerbird.dk
The Organic Sheep | theorganic-sheep.com
TINA MARIE CPH | tinamariecph.dk
tinekhome | tinekhome.com
Uh la la Ceramics | uhlala-ceramics.com
VERPAN | verpan.com
Vipp | vipp.com
VISSEVASSE | vissevasse.com

## ADRESSEN IN DEUTSCHLAND, ÖSTERREICH UND DER SCHWEIZ

Hier findest du eine Auswahl meiner Lieblingsshops in Deutschland, Österreich und in der Schweiz, wenn du auf der Suche nach Wohnaccessoires oder leckeren Delikatessen bist, mit denen du dich jederzeit zu Hause *hyggen* kannst.

### DEUTSCHLAND

**Ambiente Direct** | www.ambientedirect.com | Zielstattstraße 32, München

Onlineshop und Laden in München mit einer großen Auswahl an dänischen und internationalen Design-Möbelklassikern, Accessoires und Beleuchtung.

**Bellissimo** | www.bellissimo-webshop.de | Egerlandstraße 76, Geretsried

Onlineshop und Laden in Geretsried mit Wohnaccessoires für den hellen Landhausstil u. a. von Ib Laursen, House Doctor oder GreenGate.

**car möbel** | www.car-moebel.de

Onlineshop für Landhausmöbel und -accessoires. Schöne Schränke, Kommoden und Tische nach eigenem Design sowie Möbel und Wohnaccessoires von dänischen Marken wie House Doctor, Nordal, Madam Stoltz, Bloomingville, A.U Maison oder tinekhome.

**ConceptRoom** | www.conceptroom.de | Uhlandstraße 45, Berlin

Onlineshop und Geschäft in Berlin für modernes und klassisches dänisches und skandinavisches Design u. a. von Kay Bojesen Denmark oder Rosendahl Copenhagen.

**connox** | www.connox.de

Onlineshop für bekannte Möbelklassiker aus Skandinavien mit einer modernen oder klassischen Formsprache.

**Det lille Hus** | www.detlillehus.net | Zentgrafenstraße 127, Kassel

Schönes Ladengeschäft in Kassel mit Altem und Neuem zum Wohnen aus Dänemark. Vintage-Möbel und Accessoires von Marken wie Ib Laursen, RICE oder Maileg.

**EDENliving** | www.edenliving.de | Klosterallee 67, Hamburg

Ladengeschäft in Hamburg und Onlineshop mit Möbeln und Wohnaccessoires u. a. von tinekhome, A.U Maison, Living by Heart, Raumgestalt.

**FREUDENTANZ** | www.freudentanz-shop.de | Hauptstraße 26, Lage-Heiden

Onlineshop und wunderschöner Laden in Lage-Heiden mit Wohn- und Gartenaccessoires u. a. von GreenGate, Ib Laursen oder A.U Maison.

**Geliebtes Zuhause** | www.geliebtes-zuhause.de

Onlineshop mit einer großen Auswahl an dänischen Designbrands. Home Fashion, Design und Living für die skandinavische Lebensart u. a. von ByLassen und KREAFUNK.

**Harry & Sally** | www.harryandsally.de | Lüberstedter Straße 20, Gödenstorf

Onlineshop und Laden in Gödenstorf mit Schönem aus Skandinavien und vielen alten Vintage-Artikeln.

**Illums Bolighus** | www.illumsbolighus.de | Neuer Wall 54, Hamburg

Seit über einem Jahr gibt es eine Filiale des tollen Design-Kaufhauses aus Kopenhagen in Hamburg. Hier gibt es das beste skandinavische Design und ein paar Newcomer wie Aiayu und Humadkin.

**interiör** | www.interioer.de | Osterstraße 164, Hamburg

Schönes Ladengeschäft in Hamburg Eimsbüttel mit Produkten von HAY, Living by Heart, Menu, Normann Copenhagen, Raumgestalt und Stelton.

**i-Tüpfelchen** | www.shop.daenisch-deko.de | Bogenstraße 51, Schenefeld

Onlineshop und ein schön versteckter Laden in Schenefeld bei Hamburg für den gemütlichen, dänischen Wohnstil. Wohnaccessoires, Kleinmöbel und auch Kalkfarbe von Jeanne d'Arc Living.

**Jean et Lili** | www.jeanetlili.de | Dieffenbachstraße 38, Berlin

Ein wunderbar hyggeliges Ladengeschäfte in Berlin mit Kleinmöbeln, Wohnaccessoires, Lampen, Mode und Schmuck im skandinavischen Stil mit orientalischem Mix von u. a. A.U Maison.

**KRISTINA STÖCKEL BY LANDPARTIE** | www.landpartiemuenchen.com | Kurfürstenstraße 12, München

Ladengeschäft in München mit modernem Design, Möbelklassikern und alten Industriemöbeln aus aller Welt. Design u. a. von tinekhome und SEJ Design.

**LAKRIDS BY JOHAN BÜLOW** | www.lakrids.nu

Das leckere Lakritz gibt es online und in verschiedenen Stores in Berlin, Düsseldorf, München und Stuttgart.

**le Tam Tam** | www.letamtam.de | Dorfstraße 2, Neubeuern

Ladengeschäft über zwei Stockwerke in Neubeuern mit ausgewählten Möbeln, Wohnaccessoires, Textilien und Leuchten.

**lille sted** | www.lille-sted.de

Onlineshop mit skandinavischen Wohndekorationen im Industrie-Stil, Country-Stil oder im puristischen Look. Außerdem orientalische Accessoires und Partyzubehör.

**Lillys Living** | www.lillys-living.de | Obertorstraße 1, Gieboldehausen

Onlineshop und ein herrlicher Laden in Gieboldehausen mit Wohn- und Gartenaccessoires für den hellen Landhausstil mit zarten, pastellfarbenen Tönen von BGreen, Ib Laursen, GreenGate und Kalkfarbe von Jeanne d'Arc Living.

**LYS Vintage** | www.lys-vintage.com | Eppendorfer Weg, Hamburg

Tolles Ladengeschäft in Hamburg mit den angesagten skandinavischen Marken und ausgewählten Produkten.

**Markanto** | www.markanto.de | An der Linde 11–13, Köln

Onlineshop und Showroom in Köln mit Lagerverkauf. Vintage-Möbel und neue Möbelklassiker aus Skandinavien und der ganzen Welt.

**MY HOMEFLAIR** | www.myhomeflair.de

Onlineshop mit Möbeln und Wohnaccessoires im monochromen Stil u. a. von Snowdrops Copenhagen, tinekhome, SEJ Design, Strups, A.U Maison.

**Nordliebe** | www.nordliebe.com | Salzburger Straße 18, Berlin

Wunderschöner Onlineshop und Ladengeschäft in Berlin mit tollen, skandinavischen und außergewöhnlichen Marken wie A Simple Mess, Helbak, Kortkartellet, Strömshaga.

**Nostalgie im Kinderzimmer** | www.nostalgieimkinderzimmer.de

Onlineshop mit Wohnaccessoires, Möbeln und Mode im nostalgischen Stil und auch im modernen Look für Haus, Kind und Garten. Große Auswahl an Produkten von GreenGate, RICE, Miss Étoile, A.U Maison u.v.m.

**OSCHÄTZCHEN** | www.oschaetzchen.com | Hohe Bleichen 26, Hamburg

Gourmetladen in Hamburg und Onlineshop mit den feinsten dänischen und internationalen Delikatessen.

**Rathjens Depot** | www.rathjens-depot.de | Meierhof 4, Ahlefeld-Bistensee

Riesiges Ladengeschäft in einem alten Hof in Ahlefeld-Bistensee mit Möbeln und Dekogegenständen im Vintage-Look, Shabby-Chic- und Industrie-Style.

**ROOM TO DREAM** | www.room-to-dream.de | Lenbachplatz 7, München

Wunderschönes Ladengeschäft in München mit skandinavischen Möbeln und Accessoires im leichten, hellen Wohlfühlstil.

**RoyalDesign** | www.royal-design.de

Onlineshop mit einer riesengroßen Auswahl an skandinavischem Design. Hier gibt es Möbel, Leuchten und Wohnaccessoires u. a. von Royal Copenhagen, Louis Poulsen, Georg Jensen, Day Home.

**scandinavian lifestyle** | www.scandinavian-lifestyle.de

Viele skandinavische Spitzenmarken mit großer Auswahl in einem Shop u. a. von Kay Bojesen Denmark, Kähler Design und Stelton.

**Scandinavian Objects** | www.scandinavianobjects.com | Rykestraße 31, Berlin

Ladengeschäft in Berlin mit skandinavischen Designklassikern und aktuellen Accessoires.

**SCHÖNER WOHNEN Shop** | www.shop.schoener-wohnen.de

Tolle Auswahl an Kleinmöbeln und Wohnaccessoires mit vielen bekannten Brands, u. a. AYTM, Broste Copenhagen, Kay Bojesen Denmark.

**Stilkiste Wohn & Lebensart** | www.stilkiste.de | Meyner Straße 24, Schafflund

Onlineshop und Laden auf dem Weg nach Norden in Schafflund. Dänische Lebensart von Ib Laursen und House Doctor sowie Island-Schaffelle von Organic Sheep.

**stilwerk** | www.stilwerk.de und stilwerk.at

Viele Interior Geschäfte unter einem Dach mit hochwertigen Möbeln, Lampen und Accessoires in Hamburg, Berlin, Düsseldorf, Dortmund und Wien.

**stoebern de luxe** | www.stoebern-deluxe.de | Schnellerstraße 123, Berlin

Onlineshop und Ladengeschäft in Berlin. Wohnaccessoires und Möbel u. a. von Ib Laursen, Hübsch Interior, Nordal, Madam Stolz und Trademark Living.

**Villa Smilla** | www.villa-smilla.de | Düsseldorfer Straße 11–13, Ratingen

Onlineshop und Laden in Ratingen mit Vintage-Möbeln, Wohnaccessoires und Mode u. a. von tinekhome, House Doctor und Snowdrops Copenhagen.

**Wohnhaus Welten** | www.wohnhaus-welten.de

Große Auswahl an dänischen Marken: A2 Living, A Simple Mess, A.U Maison, Bloomingville und Ib Laursen.

**Wohnmacher Leipzig** | www.wohnmacher.de | Nikolaistraße 36, Leipzig

Ladengeschäft in Leipzig und Onlineshop mit Dekorationen, Möbeln und Lampen u. a. von A.U Maison, House Doctor, Bloomingville oder Ib Laursen.

## ÖSTERREICH UND SCHWEIZ

**ediths** | www.ediths.at

Onlineshop und Geschäfte in Bizau, Dornbirn und Götzis gefüllt mit Möbeln, Wohnaccessoires, Mode und Geschenkideen von vielen skandinavischen Marken.

**galanterie** | www.galanterie.at | Domgasse 2, Wien

Wohn- und Dekorationsladen in Wien mit Marken wie Bloomingville, tinekhome, A.U Maison oder House Doctor.

**VILLA LOTTA** | www.villa-lotta.blogspot.de | Ebentaler Straße 232, Klagenfurt

Traumhaft hyggelige Wohnboutique in Klagenfurt mit Wohnaccessoires und Möbeln im hellen Vintage-Stil.

**Wohnreich** | www.wohnreich.ch | Herrenberg 22, Rapperswil-Jona

Onlineshop und Geschäft in Rapperswil im hellen skandinavischen Stil. Wohnaccessoires und Möbel u. a. von tinekhome und Oliver Furniture. Sowie Regenjacken und Stiefel von Ilse Jacobsen.

**Wohnzeit** | www.wohnzeit.sh | Moskau 313, Ramsen

Bistro, Schreinerei und Geschäft in einem mit alten und neuen Möbeln und skandinavischen Wohnaccessoires u. a. von tinekhome.

# DANKE & MANGE TAK


Ein riesengroßes Dankeschön geht an alle Dänen, die mir die *Hygge* beigebracht, vorgelebt und erklärt haben. Ohne dieses Wissen hätte ich dieses Buch nicht schreiben können. *Mange tak!*

Vielen Dank an Heidi, Johan, Michael, Stephanie und Christina, Henriette, Jesper, Sus, Kim, Camilla, Tine, Kenneth, Bent und Anette, dass ihr euch die Zeit genommen habt, auf meine Fragen zu antworten, sodass die Leser auch noch andere Blickwinkel auf die *Hygge* bekommen. Es ist mir eine Freude gewesen, eure Antworten zu lesen, und ich habe durch euch noch mehr über die *Hygge* gelernt. Gerade du, Heidi, hast mir dadurch, dass du seit vielen Jahren in Deutschland lebst, sehr geholfen, die Unterschiede zu begreifen. Manchmal war ich danach erstaunt, wie dänisch ich doch eigentlich bin. *Mange tak! Det var så hyggeligt.*

Ich danke auch meiner Schwester, ihrer Familie in Kopenhagen und den Eltern ihres Mannes. Durch euch habe ich besser verstanden, was *Hygge* eigentlich ist, aber eben auch, was sie nicht ist. Als eine Art Sparringpartner ist meine Schwester unverzichtbar für mich und ihr alle sorgt mit eurem Input für frischen Wind und neue Ideen! Als Fotopartner ist mein Schwager fantastisch. Keiner kann mir die Knöpfe der Kamera so gut erklären wie er und mir bei Bedarf auch „Fotos nach Wunsch" zur Verfügung stellen. Das macht richtig Spaß! Ich danke euch allen für euer Mitwirken!

Meiner Schwester und ihrer Familie in Hamburg danke ich für die Unterstützung während des Schreibens und vor allem auch danach. Du sorgst dafür, dass viele Fehler vermieden werden und dass ich ein Gefühl dafür bekomme, ob meine Texte ankommen und so verstanden werden, wie ich es mir vorstelle. Danke für deine Zeit und euer Verständnis. Vielen Dank dafür!

Ich danke auch und vor allem meiner Familie und meinen Freunden. Danke, dass ihr da seid, wenn ich euch brauche, und danke, dass ihr mir den Rücken freigehalten habt, sodass ich meine Gedanken und Ideen zu Papier bringen konnte. Danke, dass ihr mich ausgehalten habt, wenn es *uhyggelig* wurde, wenn ich nicht im Flow war. Vielen Dank – es ist so schön, dass es euch gibt!

Vielen Dank für die Produktunterstützung in diesem Buch. Danke, dass ihr mir nicht nur meine Fragen beantwortet habt, sondern mir auch dabei geholfen habt, meine visuellen Ideen Wirklichkeit werden zu lassen: Astrid und Brigitte, A.U Maison, Broste Copenhagen, Designletters, Gate Noir, GreenGate, Humdakin, Ib Laursen, Kaas Outdoor Living, Kay Bojesen Bestik, Kähler Design, Kreafunk, Lakrids by Johan Bülow, Nordal, Stelton, tinekhome. *Mange tak!*

Vielen Dank an Victoria Salley, die zusammen mit mir die Idee zu diesem Buch geboren hat und zusammen mit Christine Rauch, Petra Ahke und Franziska Sorgenfrei für die Umsetzung gesorgt hat. Diese ist genau so geworden, wie ich sie mir vorgestellt habe.

Das riesengrößte Dankeschön geht jedoch an euch, meine Leser(innen). Ohne euer Interesse würden wir dieses Buch nicht in den Händen halten. DANKE! DANKE! DANKE!

# AMALIE *loves* DENMARK

Für noch mehr *hyggelige* Inspirationen

Du möchtest noch mehr Inspiration und aktuelle Tipps finden?
Dann schaue dich doch einmal auf meinem Blog
**www.amalielovesdenmark.com**
um oder folge mir auf meinem Instagram-Profil
**@amalielovesdenmark.**

Dort findest du meine Reiseberichte aus Dänemark,
meine dänischen Rezepte zum Nachmachen und
du erhältst Einblicke in meinen dänisch inspirierten Lifestyle.

Ich freue mich auf dich!

# IMPRESSUM

Texte und Bilder: Inken Henze
Layout, Cover und Satz: Petra Ahke, Berlin
Lektorat: Franziska Sorgenfrei, München
Produktmanagement: Christine Rauch
Druck und Bindung: FIRMENGRUPPE APPL, aprinta druck, Wemding



1. Auflage 2018

ISBN: 978-3-7724-7462-0 • Best.-Nr. 7462

BILDNACHWEISE
Unser Dank geht an: Kähler Design für das Porträt von Jesper Holst Schmidt | Broste Copenhagen für das Porträt von Kim Larsen | Heidi Lerkenfeldt für das Porträt von Sus Bojesen Rosenqvist | der Formland-Messe für das Porträt von Henriette Træholt | Bent Madsen | GreenGate für das Porträt von Stephanie Vallentin-Hansen und Christina Labohn Bleeg | dem Dänischen Generalkonsulat für das Porträt von Heidi Kusch | Stelton für das Porträt von Michael Ring | KREAFUNK für das Porträt von Kenneth Melchoff Bahnsen | tinekhome für das Porträt von Tine Kjeldsen | Lakrids by Johan Bülow für das Porträt von Johan Bülow | Humdakin für das Porträt von Camilla Schram